내가 찾는 직업이

학벌 스펙 벗어나 남다르게 먹고살기

세상에 없다면

학벌 스펙 벗어나 남다르게 먹고살기

내가 찾는 직업이 세상에 없다면

초판 1쇄 펴낸날 2024년 5월 13일
초판 2쇄 펴낸날 2024년 10월 21일

지은이 권인택 김자유 이동희 정수현 황용국
펴낸이 홍지연

편집 홍소연 이태화 김선아 김영은 차소영 서경민
디자인 이정화 박태연 박해연 정든해
마케팅 강점원 최은 신종연 김가영 김동휘
경영지원 정상희 여주현

펴낸곳 ㈜우리학교
출판등록 제313-2009-26호(2009년 1월 5일)
제조국 대한민국
주소 04029 서울시 마포구 동교로12안길 8
전화 02-6012-6094
팩스 02-6012-6092
홈페이지 www.woorischool.co.kr
이메일 woorischool@naver.com

• 책값은 뒤표지에 적혀 있습니다.
• 잘못된 책은 구입한 곳에서 바꾸어 드립니다.

만든 사람들
편집 김영은
교정 이선희
디자인 스튜디오 헤이,덕

내가 찾는 직업이

학벌 스펙 벗어나 남다르게 먹고살기

교육의봄 기획 | 권인택, 김자유, 이동희, 정수현, 황용국 지음

세상에 없다면

우리학교

차례

1.

2.

새로운 진로의 힌트 찾기

교육의봄은 입시 경쟁과 사교육 문제를 해결하기 위해 학벌 중심의 채용 관행을 개선하는 것을 목표로 2020년에 설립된 교육 단체입니다. 이 일을 시작하기 전인 2008년, 우리는 사교육 걱정없는세상을 창립해서 12년간 입시 경쟁과 사교육 문제를 해결하는 데 온 힘을 기울이고 있었지요. 소중한 성과도 수없이 거두었지만, 한계 역시 경험했습니다. 그러던 차에 통계청의 한 설문 조사가 눈에 들어오더군요. 사교육비를 지출하는 제1의 이유가 "취업 과정에서 기업들이 출신 학교를 중시하기 때문이다."라고 응답한 자료였죠. 학벌을 중시하는 취업 관행을 바꾸면 사교육비를 줄이고 나아가 입시 경쟁을 완화할 수 있겠다, 이런 마음으로 교육의봄을 시작했습니다.

그런데 기업의 채용 현황을 조사하면서 여러 번 놀랐습니다.

우리의 선입견과는 달리, 이미 기업은 학벌 중심 채용 관행으로부터 탈피하고 있었거든요. 지원서에 출신 학교나 학점, 전공을 적지 않는 공기업은 말할 것도 없고, IT 기업과 스타트업, 외국계 기업은 학벌보다 직무 능력을 더 중시하는 흐름을 보이고 있었습니다. 대기업과 금융업 역시 이들의 선진적인 채용 흐름에 영향을 받기 시작했고요.

과거에는 학벌, 학점, 전공, 토익 점수 등 자격 조건, 이른바 '스펙(spec)'으로 능력을 '미루어 짐작'했습니다. 그러나 기술이 발달하면서 AI 채용, 다단계 면접, 포트폴리오 등 다양한 방식을 통해 지원자가 가진 능력을 '직접적으로 확인'할 수 있게 됐습니다. 지금은 스펙으로 지원자의 능력을 추정하는 방식과 기술로 지원자의 능력을 직접 확인하는 방식이 뒤섞인 하이브리드 채용 시대이지요. 그러나 '직접 확인'하는 방식으로 흐름이 점차 이동하는 것만큼은 분명합니다. 우리 청소년들이 직업 세계로 진입하는 10년, 20년 후는 채용 기술이 더욱 발전할 것이므로 이 흐름은 가속화될 거예요. 따라서 우리는 기업이 채용 과정에서 여러분의 숨겨진 역량을 다 볼 수 있다고 전제하고, 학벌과 스펙보다는 진짜 능력을 키우는 일에 집중해야겠지요. 이런 사실을 전하고 앞으로 나갈 길을 알리기 위해, 교육의봄은

『채용이 바뀐다 교육이 바뀐다』(우리학교, 2021), 『채용 대전환, 학벌 없는 시대가 온다』(우리학교, 2022)라는 두 권의 책을 출간했습니다.

그러던 중 새로운 관심이 생겼습니다. 이 시대의 대세가 '채용'보다는 '창업'이기 때문입니다. 사람들의 욕구가 더욱 세분되고, 물건을 사는 사람과 파는 사람의 경계가 희미해지고, 기존 기업들이 그에 맞추어 제품을 제때 만들지 못하는 상황 속에서, 소비자가 스스로 기업을 만들어 다른 이들의 욕구를 채워 주는 창업의 기세가 봇물 터지듯 팽창하고 있어요. 스타트업의 폭발적인 증가는 이를 말해 주지요. 이런 흐름은 더더욱 거세질 거라고 생각합니다.

여러분이 살아갈 시대가 창업의 시대라면 무엇을 준비해야 할까요? 우리는 스타트업계의 생태계에 관련된 대대적인 조사를 시작했습니다. 아울러 화려한 학벌과 스펙이 없이도 스타트업 계통에서 주목받는 젊은 창업가들을 발굴하고, 이들이 창업에 성공한 원인을 알아내려고 노력했습니다. 잘만 하면 이들이 걸어온 길에서 새 길을 발견할 수 있을 거라고 기대했기 때문이지요.

지금부터 소개할 다섯 명의 젊은 창업가는 그렇게 해서 찾은 소중한 인재들이에요. 이들은 주로 20대와 30대로 저마다 전형적인 직업 선택의 경로를 밟지 않고 일찍부터 자기의 직업을 개척해 나간 사람입니다. 일부는 고졸 출신이고, 일부는 전문대나 지방대 출신이며, 일부는 소위 명문대 출신이었지만 대기업 생활을 포기하고 창업의 길로 들어섰지요. 이들은 학벌 사회에서 일반적으로 기대하는 진로 경로를 밟지 않았습니다. 그렇지만 성공적인 창업가에게 있어야 하는 핵심적이고 보편적인 역량을 갖추고 있었지요. 교육의봄에서는 이들을 강사로 모시고 특별한 강좌를 열었습니다. 그런데 강연 참석자들의 반응이 기대보다 더 뜨거웠어요. 그리하여 더 많은 청소년에게 이야기를 전하고자 강연과 이어진 질의응답을 정리하여 책으로 엮었습니다.

이 창업가들의 이야기에는 매우 중요한 특징이 있어요. 이들은 유별나게 다른 학교 교육을 받지 않았습니다. 대개 평범한 학교 교육을 받았거나, 전형적인 트랙에서 이탈하기까지 했지요. 그런데도 창업가 기질과 정신이 충만했습니다. 그 비결이 뭘까요? 자신이 좋아하는 것과 잘할 수 있는 일을 찾아 무수한 시행착오를 경험한 것입니다. 수많은 시도를 통해 이른바 '자기다움'을 발견하는 것만큼 중요한 일도 없습니다. 자기다움을 갖춘 사람들은 그 소중한 배움을 학교 바깥 직업 세계에서 실현하기 위해 그와 관련된 기술과 지식에 눈을 뜨고 현실을 헤쳐 나갑니다. 평소에 자기의 욕구를 발견하고 채워 왔으니, 타인의 욕구를 알아차리고 충족시키는 일에도 익숙하지요. 이 책에 소개된 젊은 창업가들의 이야기가 바로 그 증거입니다.

이 책이 미래를 이끌어 갈 청소년은 물론이고, 교육을 책임지는 부모와 교육자에게도 도전과 자극이 될 거라 생각해요. 미래학자 앨빈 토플러는 말했습니다. "젊은 날의 매력은 꿈을 위해 무엇인가를 저지르는 것이다." 이 책을 읽는 학부모님이 있다면, 입시 경쟁을 핑계 삼지 말고 우리 청소년들이 '무엇인가를 저지를 기회'를 얻도록 지지해 주세요. 더 늦기 전에 말이지요. 마음껏 저지르고 고민하며 자기다움을 갖추어 갈 청소년 여러분을 응원합니다.

2024년 5월
교육의봄 공동 대표 송인수 윤지희

1.

대학을 안 갔다, 다음이 있다

누구나데이터,
김자유

첫 번째 만남: 김자유

수능 안 보고
20대에 창업한
비결이 궁금하다고?

#학생회장 #수능거부 #대학거부
#19살취업 #졸업전취업
#교육운동가 #데이터분석가

김자유가 걸어온 길

고1 사회 시간 인권을 배우다 → 학교를 바꿀 생각으로 학생회장 출마를 준비하다 → 고등학교 학생회장이 되다 → 대학 수학 능력 시험장 대신 광화문 광장에 서다 → '투명가방끈' 모임을 결성하다 → 교육 운동가가 되기로 결심하다 → 대학 대신 시민 단체에 들어가다 → 온라인 홍보 담당자가 되다 → 비영리 단체 디지털 전환의 필요성을 느끼다 → 빅데이터 회사에 입사하다 → 24살 소셜벤처 '누구나데이터' 창업!

진로 선택을 앞둔 당신에게

"대학에 가느냐 마느냐는 중요하지 않아요. 하지만 자신에게 질문을 던지고 답을 내는 과정은 아주 중요합니다. 스스로 내린 답이 있다면 난관에 부딪히더라도 계속해 나갈 수 있습니다."

13

대학을 안 갔다,
다음이 있다

저는 '누구나데이터'라는 소셜벤처(social venture: 사회적 가치를 실현하는 혁신 기업)의 대표 김자유입니다. 지금 제 나이가 서른인데요, 창업한 지 6년째 접어들었으니 24살에 창업을 한 셈입니다. 그럼 제가 어떤 과정을 거쳐 지금 이 자리까지 오게 됐는지 이야기를 시작해 볼까요?

먼저 간단하게 제 소개부터 하겠습니다. 저는 고등학교를 졸업하고 '대학 거부' 선언을 한 다음 대학에 진학하지 않았어요. 그 대신 '사교육걱정없는세상'이라는 시민 단체에서 사회생활의 첫발을 디뎠습니다. 그 후 몇몇 곳을 옮겨 가며 일했는데 주로 비영리 단체(사적인 이익이 아니라 공공의 이익을 목적으로 활동하는 단체)였습니다. 그러다 우연히 외국계 빅데이터 회사로 이직하게 되었지요. 그런데 그곳에서 이전에 경험하지 못한, 굉장히 새로운 학습을 할 수 있었습니다. 저는 이때의 경험을 바탕으로 나만의 일을 하고 싶다는 꿈을 꾸게 되었고, 그동안 쌓은 경험과 실력을 바탕으로 IT 소셜벤처 회사를 창업하게 됐습니다. 그후 지금까지 비영리 단체 업무와 관련해서 IT를 활용한 마케팅 영역에 도움을 주는 전문가로 활동하고 있지요.

저는 지금 제가 하는 일을 천직으로 여길 만큼 만족합니다. 이런 일을 하게 될 거라고 예상했던 적은 한 번도 없었어요. 그런데 최근 우연히 중학교 때 생활 기록부를 보고 깜짝 놀랐습니다. 생활 기록부의 진로 특기 사항이 적힌 네모난 칸에 'IT 분야에서 전문적인 직업을 꼭 이룰 것으로 전망함.'이라고 적혀 있더라고요. 중3 담임 선생님께서 예상한 저의 미래를 보게 되니 기분이 묘했습니다. '나도 몰랐던 내 미래 직업을 선생님은 일찌감치 알아보셨구나.' 싶은 생각에 살짝 소름이 돋기도 했고요. 조금 생뚱맞지만 15년 전 천안 불당중학교에서 근무했던 이세광 선생님께 이 자리를 빌려 정말 감사하다는 말씀을 드리고 싶습니다.

기억도 희미한 중학교 시절 은사님의 기록을 보면서 한편으로는 놀랍고, 한편으로는 행복했습니다. 그때는 미처 몰랐지만 그 시절부터 제가 갖고 있던 적성이 IT 분야였다는 사실, 그걸

잊고 있었음에도 용케 진로를 잘 찾아왔다는 사실이 지금 내일에 대한 확신을 좀 더 강화하는 계기가 되었다고 할까요?

비영리 단체를 대상으로 이런저런 일을 한다고 말하면 신기하게 생각하는 사람이 많습니다. 비영리 단체라는 조직 자체도 생소한데 그 단체를 돕는 일로 창업까지 했다니까 놀라는 것 같아요. 그게 가능한 일인지, 어떻게 창업하게 됐는지 과정을 궁금해하기도 하고요. 이처럼 생소한 분야의 일을 시작할 수 있었던 것은 아무래도 사회생활의 출발점이 비영리 단체였기 때문이라고 보는 게 맞습니다. 비영리 단체라는 곳에는 어떻게 가게 됐냐고요? 이번에는 청소년 시절의 저를 소환해야 할 것 같습니다.

교육 환경에 불만이 있습니다

저는 충청남도 천안시에서 초중고를 나왔습니다. 제가 학창 시절을 보낸 10여 년 전까지만 해도 천안은 고등학교 비평준화 지역이었어요. 비평준화라는 말을 아는 분도 있고 모르는 분도 있을 텐데요, 간단히 말해 고등학교에도 대학처럼 서열이 정해져 있다는 뜻입니다. 그러다 보니 상위권 고등학교에 가려면 중학교 때부터 치열하게 공부해 내신 점수를 잘 받아야 했어요.

'스카이(SKY)'라 불리는 대학교 서열처럼, 당시 천안의 고등학교에도 톱 3가 있었습니다. 공부를 열심히 해서 그곳에 가면 다행이고, 가지 못하면 학생이나 학부모 모두 창피해하는 분위기였지요. 그러다 보니 중학교 때부터 내신을 잘 받아야 했고, 또 그러려면 초등학교 때부터 기본기를 갖춰야 한다는 명목 아래 사교육과 입시 경쟁이 치열했어요. 비평준화라는 지역적 특성 때문에 초등학교 때부터 성적 스트레스가 심한 환경에서 학창 시절을 보낸 상황이었지요. 저 역시 그런 분위기에서 벗어나지 못했고요.

제가 또래 친구들과 조금 다른 점이 있었다면, 신문이나 뉴스를 자주 챙겨 봤다는 사실입니다. 그렇게 미디어를 자주 접하다 보니 자연스럽게 생각이 많아졌던 것 같아요. 내가 처한 환경이 일반적이지 않다는 생각, 전국 아니 전 세계의 모든 학생이 초등학교 때부터 성적 스트레스로 힘들어하지는 않는다는 생각 등을 하게 된 것이지요.

그 당시는 우리나라가 G20(세계 주요 20개국을 회원으로 하는 국제기구)에 막 가입한 시기였습니다. 그래서인지 언론에서 '글로벌 창의 융합 인재'라는 용어를 자주 사용하곤 했는데, 그 낯선 용어 앞에서 이런 생각을 했습니다. '내가 지금 배우고 있는 학교 교육과 이 말이 일치하는 내용인가?' '이런 획일적인 입시 교육을 받은 나는 훗날 창의적인 사람이 될 수 있는 건가?' 다른 친구들처럼 학원에 다니고 공부하면서도 내면에서는 의문이 끊이지 않았고, 입시 지옥으로 불리는 비정상적인 교육 환경에 강한 불만을 품게 되었습니다. 그러는 사이 중학생에서 고등학생이 되었고요.

고등학교에서 저는 제 삶에 커다란 영향을 준 선생님 한 분을 만나게 되었습니다. 고등학교 1학년 때 사회 과목을 담당했던 석용수 선생님인데요. 첫 수업에 들어온 선생님께서 칠판에 대뜸 '인권'이라고 크게 쓰더니 이렇게 말씀하시더군요.

"여러분과 1년 또는 3년 동안 만나면서 내가 전달하고 싶은 내용을 한마디로 요약하면, 바로 '인권'이라는 두 글자라고 할 수 있다. 너희들이 나를 만나서 다른 건 몰라도 인권에 관해서만큼은 제대로 알고 가면 좋겠다는 바람이다. 사회라는 과목 자체가 결국에는 인권의 형성 과정을 설명하는 내용이기도 하다."

선생님은 인권이란 무엇인지 몸소 보여 주던 분이었어요. 학생들을 대할 때도 늘 존중하는 자세로 대해 주었고, 입시에 목을 맨 인문계 고등학교였지만 입시 교육만으로는 채울 수 없는 진정한 사회 수업을 위해 노력을 아끼지 않았지요.

당시 저는 선생님께서 강조한 인권 명제에 크게 감명받았습니다. 지금 운영하는 회사의 설립 목적에도 포함할 만큼 여전히 제 삶의 중심에 두고 있지요. 인권을 강조하는 선생님과의 만남이 제 삶에 지대한 영향을 끼친 것만은 틀림없습니다.

또 한 가지 저한테 결정적인 영향을 준 사건이 있는데, 바로 '교육감 직선제'였습니다. 교육감이라는 직책이 원래 투표로 뽑히는 공직자는 아니었습니다. 2007년에 처음으로 교육감을 투표로 뽑는 제도가 도입됐고, 그 과정에서 무수한 교육 공약이 출현했어요. 그 덕분에 '학교가 이러저러하게 바뀌어야 된다.'라는 식의 역동적인 내용들이 많이 나오기도 했고요. 그런 분위기 속에서 중고등학교 시절을 보냈습니다. 게다가 앞서 말했듯이 저는 뉴스나 신문 등의 매체를 즐겨 보는 학생이었기에 학생 인권 조례, 혁신 학교 등 새롭게 등장한 이슈에 자연스레 관심을 갖게 되었습니다.

당시 일어난 일련의 변화들은 저에게 꽤 큰 충격으로 다가왔습니다. 그전까지 저에게 학교란 입시 공부라는 명목 아래 모든 자유가 박탈되는, 말하자면 억압이 당연한 곳이었거든요. 머리는 무조건 짧게 잘라야 하고, 학생이 잘못하면 선생님께 맞는 게 당연했지요. 그런데 선생님들의 대장 격인 교육감이라는 사람이 나와서, '학교가 입시 공부 위주로 흘러가면 안 됩니다. 학생을 때리면 안 됩니다. 학생 인권을 존중해야 하고 다양한 교육 활동이 더 많이 이루어져야 합니다.' 이런 취지의 이야기를 했습니다. 무척이나 짜릿한 느낌이 들었죠. 그런데 불가능해 보일 것 같은 공약을 내건 교육감이 당선된 후, 실제로 학교가 변해 갔습니다. 그 과정을 지켜보면서 내가 살고 있는 세상은 늘 멈춰 있는 게 아니라는 사실을 알았습니다. 사람들이 원하면 바뀔 수 있다는 것을 처음 체감했습니다. 일종의 사회 변화 효능감을 느꼈던 시점이지요.

그때의 저에게 사회는 곧 학교였는데, 학교가 변화하는 모습을 보면서 이를 가능하게 만드는 교육감이라는 직업이 참 멋져 보였던 것 같습니다. 당시 저는 교육감이 되면 학교를 다 바꿀 수 있는 줄 알았거든요(웃음). 고등학교 2학년 때 장래 희망란에 교육감이라고 적어 낼 정도로요.

나중이 아니라 지금 여기에서

여기서 끝이 아닙니다. 지금은 학생이니 공부를 열심히 하고 큰일은 훗날 어른이 되어서 하면 된다고들 했지만, 그 말이 성에 차지 않았습니다. 나중이 아니라 지금 여기에서 무언가를 해야 하고, 또 하고 싶다는 욕구가 솟구쳐 올랐지요. 그러다 학생 회장으로 출마해야겠다는 결론을 내렸습니다. 학교를 조금이라도 바꿀 수 있을 것 같았거든요. 그래서 아직 자격도 되지 않는 1학년 때, 그러니까 선거 1년 전부터 저는 학생회장이 될 준비를 시작했습니다.

일단 선거 출마를 결심하자 생각이 많아졌지요. 러닝메이트는 누구로 할지, 어떤 공약을 내세울지, 학생회장이 되면 어떤 일들을 어떤 방법으로 이루어 낼지 생각하고 기록하기 시작했어요. 그게 수첩으로 자그마치 두 권이나 됐습니다. 설렁설렁적은 수첩이 아니라 온갖 계획이 빼곡하게 들어찬 수첩이요. 그렇게 세운 제 나름의 계획을 당장 실행에 옮기기 시작했습니다. '교육의봄' 같은 교육 단체 행사가 있을 때면 강연을 듣기 위해 천안에서 서울까지 올라갔습니다. 다른 학교 사례와 우리 학교 사례를 비교해 보기도 했고, 다양한 교육 관련 사안을 공부하며 바쁜 나날을 보냈습니다. 이렇게 1년 동안 치열하게 준비하고 학생회장 선거에 나갔으니 결과가 어땠겠습니까? 안 될 수가 없었겠죠? 1년을 준비한 학생과 그렇지 않은 학생이 겨뤘는데 준비한 학생이 진다면 그건 공정하지 않은 결과입니다. 그렇게 저는 꿈에 그리던 학생회장이 되었습니다.

앞서 밝힌 것처럼 선거 당시 저는 인권 명제에 관심이 많았어요. 학생을 대표하는 학생회장에 나가는 이상 학생 인권 보장과 관련한 포부를 밝히는 게 좋겠다고 생각했고, 선거에서 학생들이 가장 원하는 생활 규정 개정을 제1 공약으로 세워서 당선되었습니다. 돌이켜 보니 당시 학생회장이 되고 나서 적지 않은 변화를 만들어 냈던 것 같습니다.

당시 했던 일 중 기억에 남는 몇 가지를 소개하고 싶습니다. 우선 두발과 복장에 관한 규정을 개정한 일입니다. 의견 수렴 과정을 거쳐 합리적인 방식으로 진행했다는 게 중요합니다. 학교 운영위원회에 학생 대표로서 참여하게 된 것도 의미 있는 성과입니다. 50년 학교 역사상 최초였다고 해요. 학교 운영위원회는 최고 심의 기구로, 대개 교사와 학부모, 지역 사회를 대표하는 동창회 출신 인사들로 구성되어 있습니다. 학교와 관련한 최고 심의 기구인 만큼 학교의 가장 중요한 구성원인 학생도 참여해서 목소리를 내면 좋겠다는 생각으로 참여하고 싶다고 건의했던 것이지요. 그때 회의에 참석했더니 한 선생님께서 그러시더라고요. "네가 처음이다, 여기 들어오는 학생은." 보람을 크게 느꼈던 순간입니다.

그다음으로 기억에 남는 일은 학생들에게 교육적인 경험을 제공할 수 있는 비교과 활동을 기획하고 실현한 것입니다. 규제를 풀어 달라는 요구 외에도 학교의 변화를 위해 할 수 있는 일이 많습니다. 학교 친구들이 입시 위주의 교육만으로 3년을 보내지 않으려면 어떻게 해야 할지 많이 고민했습니다. 학생들이 할 수 있는 체험 활동을 다양하게 늘리고 싶었어요. 수첩 두 권에 빼곡하게 기록한 교육과 관련한 공부 자료의 일부를 실천에 옮겼습니다. 학교의 도움을 받는 것도 좋지만 모든 걸 학교에 요구하기엔 시간이 오래 걸리기에 우선 우리 힘만으로 해 봐야겠다고 생각했지요. 다행히 학생회에는 학생 활동을 지원할 수 있는 학생회비가 있었습니다. 그 예산으로 동아리 활동을 지원하거나 학생들이 참여하는 각종 대회, 봉사 활동 프로그램 등을 기획하고 운영할 수 있었습니다. 또한 단순한 체험에만 그치지 않고 선생님들과 협의해 생활 기록부에 기재할 수 있는 내용으로 만들어 입시에도 반영될 수 있도록 했지요. 이런 다채로운 활동 덕분에 권리만 요구하는 학생 자치가 아니라 학교 교육의파트너로서 선생님들에게 진정성을 인정받았던 것 같습니다.

수능 시험장 대신 광화문 광장으로

학생회 활동으로 눈코 뜰 새 없는 한 해를 보내고 마침내 고등학교 3학년이 되었습니다. 다양한 활동을 하면서 1년을 활기차게 지내다가 말로만 듣던 고3이 되니까 또 다른 고민이 찾아왔어요. 대학 입시 문제를 어떻게 할 것인지 판단해야 했거든요. 그때껏 입시 위주 교육의 문제점을 비판적인 시선으로 바라보다가 막상 제 자신이 그 트랙에 서야 한다고 생각하니 영 내키지 않았습니다.

그렇게 고민하던 중 우연히 인터넷에서 어떤 글을 보게 되었습니다. 수능 입시에 대해 저와 비슷한 생각을 하는 또래 다섯 명의 의견을 담은 글이었어요.

'명문 학교가 아닌 행복한 삶을 보장하는 교육, 주입과 강요가 아닌 토론과 소통이 꽃피는 교육, 학력과 학벌로 사람을 차별하지 않는 사회를 위해, 용기를 내어 수능 날에 대학 입시 거부 선언으로 세상에 목소리를 낼 93년생 청소년을 찾습니다!'

오랜 고민에 대한 답을 찾은 기분이었습니다. 당연히 합류를 결정했지요. 수능 날 제가 고사장이 아닌 광화문 광장에 서 있었던 이유입니다.

우리가 대학 입시 거부 선언을 한 것은 2011년인데, 그 선언만 하고 끝난 것이 아닙니다. 이후 '대학 입시 거부로 삶을 바꾸는 투명 가방끈들의 모임(이하 투명가방끈)'이라는 비영리 단체를 만들었습니다. 입시 거부 선언을 한 사람들의 이야기를 담은 출판물을 제작하고 사회적 협동조합을 창립하는 등 의미 있는 활동을 꾸준히 하고 있지요. 또 대학 입시 철이 되면 입시 설명회 같은 게 열리지 않습니까? 그러면 우리는 우리대로 대학 거부 설명회를 서울에서도 하고, 지방에서도 하고, 온라인으로도 하면서 학벌 사회와 입시 경쟁 교육을 비판하는 활동을 재미있게 이어 가고 있습니다. 투명가방끈 홈페이지에 들어오면 이런 활동을 볼 수 있어요!

대학 거부 운동을 보고 이렇게 묻고 싶은 사람이 있을지도 모릅니다. '대학 거부해도 잘살 수 있다, 대학 안 가도 괜찮다, 이런 말을 하는 것이냐?' 그 질문에는 사실 '그렇지 않다는 현실을 알리기 위해서 거부 선언을 한다.'라고 답하는 게 맞을 것 같습니다. 투명가방끈 모임은 어려움을 겪는 청년을 지원하기 위해 한 가지 프로젝트를 시작했습니다.

많은 사람이 대학에 가는 이유는 좀 더 안정된 삶을 살기 위한 것입니다. 그렇다면 반대 선택은 어떨까요? 대학에 가지 않고 살아갔을 때 현실적으로 부딪치는 가장 큰 문제는 경제적인 문제입니다. 그중에서도 가장 고통받는 부분은 주거비 부분이고요. 그래서 우선 그 문제를 해결해 보자는 생각으로 대학 거부자들이 모여 사회적 협동조합인 '다다다협동조합'을 설립했습니다. 2020년에 설립된 이 협동조합의 목적은 우리 힘으로 주택을 지어 대학을 거부한 비진학자들이 살 수 있는 주거 공동체를 만드는 것입니다.

앞으로 무얼 하고 살아야 할까

제가 대학 거부 선언을 한 지도 시간이 꽤 흘렀습니다. 사실 용감하게 대학 진학을 거부했지만, 저 역시 앞으로 뭘 하며 어떻게 살아가야 할지 고민이 많았습니다. 가장 먼저 머릿속에 떠오른 것은 교육 운동가가 되고 싶다는 생각이었어요. 교육 운동가, 하면 어딘가 거창하고 막연해 보이지요? 그런데 생각보다 간단했습니다. 교육 운동을 하는 시민 단체에 입사하면 되는 거였어요(웃음).

제가 고등학교 때부터 관심 있게 지켜보고 활동에도 참여했던 교육 운동 단체 중에 사교육걱정없는세상이 있습니다. 진로 고민을 하던 어느 날 이 단체의 홈페이지에 들어갔는데, 마치 저를 기다렸다는 듯이 팝업 창에 채용 공고가 떠 있는 거예요. 찬찬히 읽어 보니 제가 할 수 있을 것 같은 일이었어요. 학생회에 있을 때 한 활동과 비슷한 내용이었거든요. 그래서 '나는 잘할 수 있다.'라는 생각으로 용감하게 지원했죠. 당시 사교육걱정없는세상 송인수, 윤지희 대표(현 '교육의봄' 공동 대표)께서 또 용감하게 저를 뽑아 주어 일할 수 있는 기회를 얻게 되었습니다. 심지어 첫 출근 날이 1월 2일이었으니, 아직 고등학교도 졸업하지 않은 저를 채용한 거예요.

고등학교 졸업도 하지 않은 상태에서 입사한 저는 새내기답게 정말 열심히 일했습니다. 열심히 하기만 한 게 아니라 아주 신나게 했습니다. 하고 싶었던 일을 하는 거였으니까요. 그때는 사교육걱정없는세상에서 선행 교육 금지법 제정 운동을 가장 크게 전개하던 때였는데, 저 역시 다양한 업무로 참여했습니다. 때로는 진지하고 심각하게, 때로는 즐겁고 유쾌하게 다양한 활동을 하면서 저만의 자산을 쌓을 수 있었던 소중한 기회였지요. 그때 얼마나 신났던지, 책상 위에 김밥을 올려 둔 채 밤낮없이 일했던 기억이 납니다. 대입 거부 선언 이력도 있었던지라 주로 대학 정책과 관련된 업무를 맡았지요. 하지만 다른 업무도 했는데 그게 IT 관련 업무였어요.

지금은 사교육걱정없는세상의 상근자가 30명 이상으로 조직이 커졌지만, 그때만 해도 직원이 10명 정도였어요. 어느 단체나 홈페이지, SNS를 관리하고 온라인 홍보를 하는 등 IT 관련 업무는 항상 있지요. 그런데 규모가 작다 보니 당시 사무실에 IT 전담 직원이 없었거든요. 보통 담당자가 없는 경우에는 누가 그 일을 맡게 될까요? 네, 주로 젊은 친구들이 그런 일을 하게 됩니다. 아무래도 온라인에 더 익숙하니까요. 저 역시 그랬습니다. 다행히 저는 어렸을 때부터 IT 분야에 관심이 많았어요. 그래서 누가 시키지 않아도 자연스럽게 IT 업무를 하게 됐고, 그러다 보니 관련 업무가 점점 더 많아졌습니다.

어떤 조직이든 한곳에서 오래 일하다 보면 그 조직의 생리를 이해하게 됩니다. 사교육걱정없는세상에서 일하기 시작한 뒤 저 역시 비영리 단체라는 조직이 가진 생리를 차츰 이해하게 되었습니다. 그런데 상황을 알아 갈수록 IT 기술을 업무에 잘 활용하지 못하는 비영리 단체들의 현실에 안타까움을 느꼈습니다. 비영리 단체는 어떤 의미에서 사회 변화의 최전선에 있는, 다시 말해 그 어느 곳보다 미래 지향적인 일을 하는 곳입니다. 미래 사회의 모습을 꿈꾸고 선언하고 그것을 구현해 내는 일을 하니까요. 그런데 일하는 방식은 추구하는 비전과 어울리지 않게 낡았다는 생각이 들었지요. 많은 사람이 자기 인생을 걸고 헌신하는데, 그 좋은 내용이 역량과 자원의 한계로 시민들에게 제대로 도달하지 못한다는 생각에 답답했습니다. 기술적인 부분을 조금만 활용해도 지금보다는 훨씬 나아질 텐데 하지 못한다는 게 속상했어요. 이를 깊이 고민하는 사람도 별로 없다는 생각에 좌절감도 느꼈고요. 이런 과정을 겪으면서 '비영리단체라는 영역 안에서 IT 기술을 활용해서 온라인 홍보를 잘하는 것도 또 하나의 운동이 될 수 있겠구나.'라고 생각했습니다. 비영리 단체의 온라인 홍보와 모금을 돕는 일을 사명으로 삼은 것이지요.

데이터 분석의 세계를 만나다

사교육걱정없는세상에서 2년 정도 근무했는데, 처음 1년 동안은 대학 정책 관련 업무를 담당하다가 그다음 해부터는 온라인 홍보를 전담했어요. 그 이후 몇몇 비영리 단체로 옮겨 가며 일했는데, 그때도 온라인 홍보 업무를 담당했고요. 그렇게 일하다가 제가 일하는 분야에서 제대로 된 전문가가 되고 싶다는 마음으로 공부하다 보니 데이터 분석이라는 세계와 만나게 됐습니다. 데이터 분석 방법을 알게 되면서 신선한 충격을 받았어요. 홍보를 잘하려면 세련된 디자인과 문장력이면 충분하다고 단순하게 생각했는데, 그런 요소 외에도 데이터를 이용해서 더 많은 성과를 올릴 수 있고, 또 그 성과를 극대화할 방법이 존재한다는 것을 알게 됐으니까요. 지금껏 몰랐던 사실을 깨닫고 몹시 흥분했습니다. 그래서 방법을 알아보니 구글 애널리틱스(Google Analytics: 구글에서 무료로 제공하는 사용자 행동에 관한 웹 분석 서비스)를 활용하면 되더라고요. 당장 공부를 시작했지요.

데이터 분석 기법은 영리 기업 시장에서는 이미 상용화되어 폭넓게 쓰이고 있었습니다. 하지만 아직 비영리 단체 영역에서는 이런 내용에 관심을 두는 사람이 없었기 때문에 잘 모르고 있었어요. 사실 비영리 단체에서 후원 모금을 위해 할 수 있는 방법은 이미 다 나온 상태였기 때문에 결국 남은 것은 데이터를 기반으로 한 새로운 방식이었습니다. 이 방식이 미래가 될 거라는 생각에 공부하기로 결심한 것이지요.

먼저 제 업무에 적용하기 위해 구글 애널리틱스 강좌를 들었습니다. 마케터에게 구글 애널리틱스는 디자이너로 치면 포토

샵 같은 핵심 프로그램인데, 강좌에서 만난 강사가 영리 기업 업계에서 아주 유명한 분이었어요. 그런데 시간이 조금 흐른 뒤 우연히 그분이 올린 채용 공고를 보게 됐습니다. 본인이 운영하는 회사에서 데이터 분석가를 뽑는다는 공고였어요. 이번에도 제가 할 수 있을 것 같았습니다. 다행히 꽤 오랫동안 모범 수강생으로 수강하면서 안면을 텄기에 그래도 더 관심을 둘 거라는 생각에 연락을 했지요. 당시 그분은 외국계 빅데이터 기업 데이터리셔스의 한국 지사를 세우는 중이었어요. 이전까지 비영리 단체에서만 일해 봤기 때문에 데이터 기업에서 일한다는 게 쉬운 결정은 아니었습니다. 하지만 기회가 됐을 때 제대로 배워서 비영리 단체에 적용해 보고 싶은 마음이 간절했기에 이번에도 용감하게 지원했습니다. 그분 역시 용감하게 저를 뽑아 준 덕에 저는 1호 멤버로 입사하게 됐고요. 그 회사는 그동안 제가 몸담았던 비영리 단체와는 거의 정반대에 서 있었습니다. 이윤 추구를 목적으로 한 영리 기업, 그중에서도 대기업의 최신 마케팅과 컨설팅을 담당하는 곳이었으니까요. 덕분에 마케팅 최전선의 고급 기법을 집중적으로 배우고 훈련할 수 있는 기회를 얻었습니다.

데이터 회사에 들어간 후 상상했던 것 이상으로 큰 충격을 받았습니다. 대기업이 상상을 초월할 만큼 고객의 일거수일투족에 관한 데이터를 수집하며, 이 분야에 상당한 정성을 쏟고 있다는 걸 알게 되었기 때문입니다. 홈페이지나 모바일, 오프라인 매장, 콜센터, 소셜미디어 등의 현장에서 이메일을 보낸 후 반응 고객 집단의 모든 데이터를 프로파일링하고, 또 그걸 필터링해 반응 고객 집단을 다시 추출한 뒤 메시지와 광고를 내보내는 일이 현재 대기업의 기본적인 마케팅 방식임을 알게 된 것이지요. 우리가 날마다 보는 이메일이나 온라인 광고 대부분은 이렇게 치밀하게 기획된 타기팅(targeting)에 의해 이루어진 거라고 보면 됩니다. 그만큼 데이터를 기반으로 한 마케팅에 정성을 쏟는 것이지요.

데이터 분석에 대한 이해를 돕기 위해 하나의 예시를 소개하겠습니다. 스타벅스에 가면 커피를 앱으로 주문할 수 있어요. 매장에서 스타벅스 앱을 열면 '당신이 지금 있는 매장은 어느 지점입니다.' 하는 이미지와 함께 메뉴판이 뜨고, 고객이 원하는 메뉴를 선택하면 주문이 이루어집니다. 혹시 이런 생각을 한 적 있나요? '스타벅스 앱이 내가 지금 있는 매장을 어떻게 알고 있는 거지?' 어떻게 알고 있을까요? 위치 정보 때문이라고 생각할 수 있습니다. 그런데 다음에 스타벅스에 갈 때는 천장을 한

번 올려다보세요. 천장에 스피커가 하나 달려 있는데, 실은 여기서 사람이 들을 수 없는 비가청 대역의 소리가 나옵니다. 스타벅스 앱을 열 때 자세히 보면 마이크가 잠깐 실행되거든요. 그 마이크를 통해 매장마다 다른 소리가 들리는 걸 감지해서 고객이 현재 어떤 매장에 있는지 정확하게 인식하는 기술이 사용되는 거지요. 그러니까 내가 지금 어느 매장에서 무엇을 즐겨 먹는지 스타벅스는 늘 알고 있는 거예요.

당시 시장에서 운용되던 데이터 기반 기술을 보며 비영리 단체의 운영 방식과 대기업의 운영 방식에 엄청난 격차가 있음을 실감했습니다. 영리 기업과 비영리 단체는 그 성격이 크게 다르지만, 비영리 단체도 시대 변화에 뒤처지지 않고 사람들에게 더 많은 공익적 가치를 확산하려면 하루속히 기술을 따라가야 한다는 생각을 품게 되었지요. 데이터 회사에 다니는 동안에도 어떻게 하면 이런 기법을 비영리 단체에도 적용할 수 있을지 고민하면서 개인적으로 다양한 활동을 시도했습니다. 기존에 알았던 비영리 단체 담당자들과 연락해 데이터 기술 관련 스터디 모임을 하거나 도구를 제공하기도 했지요. 그러던 어느 날 기회가 찾아왔습니다.

비영리를 영리하게 바꾸자

2016년 비영리 단체 종사자 수백 명이 참석하는 '다음세대재단'에서 주최하는 세미나에 오픈 강연자로 신청할 수 있는 세션이 있었습니다. 일반 시민이 10분 동안 발표할 수 있었는데 제가 여기에 연사로 나서서 데이터 기반으로 모금에 성공한 사례를 발표한 뒤, 아무도 요구하지 않은 공약을 하나 내걸었습니다. 홈페이지 주소를 알려 준 뒤 10개 단체의 신청을 한정적으로 받아 좋은 사례를 만들어 보고 싶다는 내용이었지요. 그리고 내년 이 자리에서 그 결과를 공유하기로 약속했습니다.

생각보다 많은 비영리 단체가 신청했어요. 처음에는 회사에 소속된 상태로 활동했는데, 하다 보니 꿈이 커졌습니다. 어떻게 하면 이런 사례를 확대할 수 있을까, 고민이 깊어졌기 때문입니다. 고심 끝에 회사를 떠나기로 했습니다. 데이터 분석 기술을 더 배워서 기술자로서의 역량을 키우는 것보다는 더 많은 비영리 단체와의 만남을 통해 유용한 사례를 늘려 나가는 게 좋겠다는 결론에 도달했거든요. 창업을 결심한 것이지요. 얼마 지나지 않아 제 밥벌이는 할 수 있을 만큼 이익을 거둘 수 있었습니다.

창업을 계획적으로 진행한 건 아니었습니다. 세상에는 두 종류의 창업자가 있다고 생각합니다. 첫 번째는 창업하겠다고 결심한 뒤 아이템을 찾는 사람들, 두 번째는 하고 싶은 일이 있어서 창업을 결심한 사람들입니다. 저는 후자였습니다. 만약 지금 제가 운영하는 누구나데이터 같은 회사가 이미 존재했다면, 저는 그 회사에 들어가 회사원으로 일했을지도 모릅니다. 그런 일터가 당시에 없었기 때문에 창업할 수밖에 없었던 것이죠.

어쩌다 보니 창업을 하게 되었지만, 제 예상보다 반응이 뜨거웠습니다. 창업 후 몇 달 뒤에 비영리 단체 종사자가 많이 참석하는 박람회에 강연자로 나선 적이 있었는데, 수백 명이 제 강연을 듣겠다고 신청하는 바람에 놀랐던 기억이 나요. 시대의 변화가 눈에 들어왔습니다. 2000년대 초반까지만 해도 오프라인에서 모금하면 그냥 모금이 되는 그런 시대였지요. 하지만 시대가 변하다 보니 이제 기존 방식대로는 모금이 안 됩니다. 새로운 돌파구를 찾고 있었는데 마침 제가 하려던 일이 그 문제에 대한 답이 되었던 것이지요. 어찌 보면 시대를 잘 만났습니다. 덕분에 빠른 시간 안에 회사를 성장시킬 수 있었으니까요.

앞서 제가 창업을 결심한 계기는 데이터 기술을 자유자재로 활용하는 비영리 단체의 다양한 사례를 만들고 싶어서였다고 말씀드렸지요? 창업을 통해 여러 비영리 단체가 참여한 다양한 사례를 만들어 냈으니 목적은 이룬 셈입니다. 사실 큰 규모의 단체에서 일했던 게 아니었던 만큼 비슷한 사정을 가진 작은 비영리 단체들에 도움을 주고자 시작한 일이었는데, 제 예상보다 다양한 단체와 일하게 된 것도 행운이었고요. 그 후 지금까지 약 720개 단체에 서비스를 제공하며 함께 성장할 수 있었습니다.

다양한 사례를 만들기 위해 노력했던 시기는 이제 막바지에 이른 것 같습니다. 지금은 또 다른 목표를 세워 놓은 상태입니다. 비영리 단체를 좀 더 좋은 일자리로 만드는 일이지요. 이 일은 제 개인적인 꿈이기도 합니다. '좋은 일자리'에 여러 가지 기준이 있겠지만 무엇보다 급여 문제를 빼놓을 수 없습니다. 비영리 단체 직원의 평균 급여가 영리 시장의 평균 급여보다 낮은 것이 사실입니다. 그런데도 비영리 단체에 지원하는 젊은 직원들은 이 일에서 느끼는 보람과 성장의 기회를 보고 온다고 생각해요. 그런데 막상 와서 일해 보면 일하는 방식이나 기술이 낡아서 성장의 기회로 삼기에는 역부족이라고 느끼게 되는 게 현실입니다. 누구나데이터는 앞으로 다양한 최신 기술을 업무 실정에 맞게 도입할 수 있는 인프라를 제공해서 비영리 단체 담당자들이 좀 더 효능감을 가지고 일하도록 돕는 것을 비전으로 삼고 있습니다. 젊은 사람들이 좋은 목적으로 비영리 단체에 들어왔다가 실망해서 떠나는 일이 없도록, 또 더 많은 청년이 비영리 단체를 자기 진로로 삼도록 더 건강한 생태계를 만들어 내고 싶다는 꿈을 가지고 있습니다.

벌여 놓은 일이 있기 때문에 지금 당장은 그 일에 매진하고 있지만, 평생 가는 일은 없습니다. 언젠가는 지금 하는 일이 끝나는 시점이 올 것이고, 저 또한 다른 일을 찾아 나서게 되겠지요. 저는 계속해서 새로운 꿈을 찾아내고 만들어 나갈 생각입니다. 100세 시대에 이제 겨우 30세니 아직도 살날이 많이 남았다는 생각이 들곤 해요. 앞으로 제가 또 어떤 일을 만나게 될지, 그다음에는 또 어떤 일을 만나 사명감을 가지고 일할 수 있을지 설레는 마음으로 기대하고 있습니다.

진로를 고민 중이라면

지금까지 제가 해 온 일을 거칠게나마 돌아보니, 진로에 영향을 준 외부 요인이 몇 가지 있군요. 첫 번째로는 가까운 선생님, 부모님, 친구, 동료 등이 제 장점을 발견해 주고 응원과 지지를 보내 주었다는 사실입니다. 제가 뭔가를 해내고 그 일을 지속할 수 있도록 해 준 가장 큰 동력이 아니었나 싶습니다. 제 생각에 저는 잘하는 게 별로 없는 사람입니다. 그런데 옆에서 '너는 이런 걸 하면 잘할 것 같아.' '너 지금 잘하고 있어.' 이렇게 다양한 방식으로 용기를 북돋워 준 덕분에 지치지 않고 꿈을 향해 나아갈 수 있었습니다.

그다음은 경험의 중요성입니다. 저는 어릴 때부터 사회에 기여하면서 살아야 한다는 생각을 강하게 품고 있었는데, 학생회 활동을 통해 이런 생각이 더 구체화된 것 같습니다. 공동체의 의사 결정에 참여하는 경험을 저는 고등학교 때 학생회 활동을 하면서 배웠습니다. 그냥 사회의 일원으로서 수동적으로 살아가는 게 아니라, 주체적으로 의견을 내고 의사 결정에 참여함으로써 정말로 우리가 속한 사회가 변화할 수 있다는 사실을 일찍 경험한 것이 제 삶에 아주 좋은 자양분이 되었습니다.

또 하나 공유하고 싶은 것은 저의 진로 선택 기준입니다. 저만의 진로 선택 기준이 몇 가지 있거든요.

첫 번째, 사회에 지금 절실하게 필요한 일은 무엇인가?

두 번째, 그 일을 왜 하필 내가 해야 하는가?

세 번째, 그 일을 나는 잘할 수 있는가?

이 세 가지 질문을 스스로 던진 뒤 납득할 만한 답이 나올 때까지 생각해 보는 것입니다. 하고 싶은 일이 생겼다면, 이 질문 들에 나만의 답을 내려 보는 과정이지요. 저는 진로를 선택할 때마다 항상 자신에게 이 질문들을 던졌습니다.

스스로 질문을 던지고 답을 내는 과정은 아주 중요합니다. 앞 으로 어떤 난관에 부딪히더라도 진로에 대해 확신하고 그 일을 지속할 수 있는 힘의 원천이 되기 때문입니다. 숙고해서 내린 나만의 답에는 힘이 있으니까요. 남들과 다른 경로로 가다 보면 쉽지 않은 일에 부딪힐 때도 많습니다만, 지속하는 힘은 스스로 찾은 답, 여기에 있습니다.

그다음으로 저는 진로를 찾을 때 일종의 교차점 찾기를 많이 했습니다. 앞으로 무엇을 하고 살지 생각해 볼 때, 한 가지만 떠 오르진 않습니다. 이것도 하고 싶고 저것도 하고 싶고, 하나의 길만 고르기 어렵다는 생각이 들지요. 어떨 때는 한꺼번에 많은 게 떠올라 혼란스럽기도 합니다. 저는 그럴 때 두 가지를 같이 하는 방법은 없는지, 그 중간 영역에 융합할 수 있는 공간은 없 는지 생각해 봤습니다.

사회 변화에 관심을 두기 전에는 이공 계열로 진학하는 게 저의 꿈이었습니다. 자동차 공학에도, IT에도 관심이 많았거든 요. 그래서 두 가지를 모두 할 수 있는 길을 찾다가 메커트로닉

스 학과를 발견했습니다. 자동차에 들어가는 IT 기술을 다루는 영역이라서 한때는 그쪽으로 진학해야겠다고 생각했지요. 두 마리 토끼를 다 잡으려는 경향은 성장한 후에도 계속됐습니다. 비영리 단체를 통한 사회 변화에도 관심이 많고, IT 쪽도 잘할 수 있는데 둘 중 어떤 쪽에 집중하는 게 좋을지 고민될 때 두 가지를 융합한 직업을 찾다 보니 결국 창업까지 이르게 되었던 것이지요. 여러분도 꼭 한 가지만 고집하지 말고 교차점 찾기를 해 보면 좋겠습니다. 그러다 보면 남들과 다른 나만의 독특한 일을 찾게 될 겁니다.

그런데 전제되어야 할 게 있지요. 관심 분야의 일이 실제 현장에서 어떻게 돌아가는지에 대해 정확한 정보를 가져야 한다는 것입니다. 막연하게 '나는 뭐가 될 거야.' '나는 무슨 직업을 가질 거야.'가 아니고 실제로 그 직업인이 됐을 때 하는 일이 무엇인지, 그걸 하기 위해서 대학에 진학하고자 할 때는 어떤 학과에 가야 하는지, 그 학과에서 배우는 교과목에는 어떤 것이 있는지, 또 그 과정을 마친 졸업생들이 주로 어디에 취업하는지 등 실제적인 부분에도 관심을 가져야 합니다. 그래서 현장에서 어떤 일을 하는지 충분히 이해하고, 그 일들 사이의 교차점을 꾸준히 찾아 나갈 때 자신이 정말 원하는 일을 하게 될 가능성이 크다고 강조하고 싶습니다.

　마지막으로 진로에 관해 꼭 말하고 싶은 점은, 직업을 선택할 때 사회적 기여에 대한 부분을 빼놓지 않았으면 좋겠다는 것입니다. 사회적 기여란 우리가 속한 공동체에서 약자에게 필요한 일을 하는 것입니다. 대개 직업 활동은 안정된 삶을 영위하기 위한 목적이 크다고 하지만, 제 이익만을 위한 것이 아닌 공동체와 타인에게 도움이 되는 일을 할 때 느끼는 행복감은 이루 말할 수가 없기 때문입니다. 따라서 전면적으로, 인생을 살아가는 동안 꼭 한 번쯤 사회적 기여를 경험해 보라고 말하고 싶습니다. 그런데 여기서 한 가지 팁이 있습니다. 공동체에 이바지하려면 먼저 우리가 속한 공동체가 무엇인지부터 정의해야겠지요. 누군가에게는 그 공동체가 우리 동네일 수도 있고, 자신이 일하고 있는 조직이나 업계일 수도 있습니다. 더 나아가 우리나라 혹은 지구촌 전체일 수도 있을 것입니다. 내가 기여하고 싶은 나의 공동체는 어디인가를 먼저 정의해 본 뒤 공동체에 속한 모두가 행복하기 위해 필요한 일은 무엇인지, 그중 약자를 위해 힘써야 할 일은 없는지 생각해 보면 내가 할 수 있는 사회적 기여 활동을 쉽게 찾을 수 있을 것입니다.

Q. 하고 싶은 일이 먼지 인식조차 하지 못하는 사람들이 많은데, 어떻게 이렇게 하고 싶어 하는 일들이 꾸준하게 있었나요?

A. 저 자신이 잘할 수 있는 것에 매 순간 집중했기 때문인 것 같아요. 예를 들어 저한테 지금 바이올린 연주자가 되라고 하면 너무 까마득할 것 같습니다. 저는 피아노도 못 치고 어릴 적부터 음악에 소질이 없었거든요. 너무 어렵게 느껴지다 보니 흥미도 없고 시도할 의욕도 들지 않아요. 반면 제가 도전해서 아주 작은 것이라도 성과를 낼 수 있다면 흥미가 생기는 것 같습니다. 고등학생 때 학교를 조금이나마 바꿀 수 있는 방법일 것 같아서 학생회장을 했고, 학생회장을 하다 보니 시민 단체 일도 비슷할 것 같아서 도전했고요. 비영리 단체를 돕는 창업도 비영리 단체 실무를 잘 아니까 결심할 수 있었어요. 이런 식으로 '할 수 있겠는데?'라는 느낌이 들면 그것을 해내는 나의 모습이 구체적으로 상상되면서 의욕이 생겨요. 실제 해내고 나면 효능감을 느끼면서 한 단계 업그레이드된 일에 도전하고 싶어지고요. 커다란 꿈도 좋지만, 그 길로 가기 위해 내가 오늘 할 수 있는 것에 집중해 보길 추천합니다.

Q. 진로를 선택할 때 '사회가 절실하게 필요로 하는 것인지'를 먼저 묻는 이유가 무엇인가요?

A. 그런 일을 할 때 진정으로 행복감을 느끼고 나 자신의 존재 의미를 강렬하게 느끼기 때문이에요. 사회적 기여를 추구하는 삶이 더 행복하다는 것을 운이 좋게도 일찍 경험했고, 그런 기회를 가질 수 있었던 점에 감사하게 생각하고 있습니다.

Q. 대학에 안 가겠다는 결정이 흔들리지 않았던 비결이 있나요?

A. 직업 세계로 나가서 직접 부딪히며 경험한 것들이 대학에 진학해서 배우는 지식보다 값지다는 확신이 있었기 때문입니다. 물론 제가 하고 싶은 일들이 반드시 학력을 요구하거나 대학에서만 습득할 수 있는 지식이 필요했다면 늦게라도 대학에 가고 싶었을지 몰라요. 그러나 오늘날 한국의 대학이 제공하는 가치는 크지 않은 것 같아요. 마음만 먹으면 어떤 정보라도 접근 가능한 디지털 세상에서, 급변하는 사회의 최전선에서 체득하는 지식보다 대학 교육이 더 뛰어난지 여전히 저는 의문을 품고 있습니다. 학력이나 학연이라는 요소를 빼고 말이죠.

Q. 학교나 가정에서 "네가 그걸 왜 하는데?" 내지는 "그거 하지 마. 너는 이거 해야 해." 같은 통제나 간섭이 없었는지 궁금합니다.

A. 당연히 있었습니다. 제가 학생회장 활동을 할 때 부모님께서 '공부나 할 것이지.' 하는 반응을 보였어요. 저희 부모님 역시 평범하고 일반적인 학부모였기에 어렸을 때부터 가정에서의 압력 같은 것들이 꽤 있었지요. 하지만 제가 무엇을 하든지, 그 길이 비록 일반적인 사회 경로에서 벗어나 있더라도, 내 주관이 분명하고 그걸 통해서 직업을 갖고 경제생활을 할 수 있으면 된다는 사실을 알았던 것 같아요. 어른들이 공부 열심히 해라, 대학은 어딜 가야 하고, 회사는 어딜 가는 게 좋다, 그러지 않으면 네 인생은 무너질 거야, 이런 식으로 말해요. 하지만 사실은 당신들도 이미 인생을 살아 봤기 때문에 그게 다가 아니라는 걸 알고 있거든요. 그런 것으로 모든 인생이 평가되고 구성되지는 않는다는 사실을요. 그래서 제가 주관을 분명하게 세우고 진로에 대해서도 분명하게 의견을 드러내니까 곧 압력을 거뒀던 것 같아요. 또 저한테 그런 믿음이 있었기 때문에 어른들을 설득할 수 있다는 자신감도 있었고요.

Q. 힘든 순간은 없었나요? 사회에서 받는 압력에도 불구하고 자신이 하고 싶은 일을 해낼 수 있었던 비결을 알려 주세요.

A. 매 순간이 힘들었습니다. 24살에 창업했으니 꽤 힘들었겠지요? 그리고 학창 시절엔 가정과 학교에서 많은 압력이 있었고요. 이걸 극복할 수 있었던 건 저의 길을 응원하고 지지해 주는 주변인들 덕분이었어요. 학생 때는 저를 응원해 주던 선생님과 친구들이 있었고요. 일을 하면서는 동료들이 있었습니다.

살면서 깨달은 점은, 내가 불법적인 일을 하지 않는 한, 내 길을 이해하고 지지해 주는 사람들이 반드시 어딘가에 있다는 사실입니다. 나를 반대하는 사람들 곁에 있지 말고 나를 지지하는 사람들을 찾아서 그 사람들 곁으로 가려고 노력했어요. 그것이 하고 싶은 일을 지속할 수 있게 한 결정적인 힘이었다고 생각합니다.

Q. 대학에 가지 않고 하고 싶은 일이 있습니다. 무엇을 준비해야 할까요?

A. 대학에 진학하지 않는 삶을 선택하려는 분을 위한 현실적인 조언을 두 가지 드리고 싶어요. 첫 번째는 실력을 쌓는 것입니다. 직업 현장에서는 학력이나 학벌보다 실제 그 일을 잘 해낼 수 있는지가 압도적으로 중요해요. 몇몇 전문직을 제외하고는 대

학을 나오고 대학원을 나와도 어떤 직장에 들어가면 그 일을 하기 위한 공부를 처음부터 다시 해야 하는 경우가 비일비재하잖아요. 그렇기 때문에 대학 비진학자에게 오히려 기회일 수 있어요. 대학을 안 가서 생긴 2년 내지 4년의 시간과 비용만큼 나의 역량과 경력에 투자한다면 직업 시장에서 좋은 기회를 가질 수 있을 거예요. 두 번째는 가급적 빨리 부모님으로부터 독립하는 것입니다. 대학에 진학하지 않으면 아무래도 가족들이 계속 걱정하게 되고, 그 과정에서 관계도 틀어질 수 있어요. 그 기간이 길어지면 자존감이 낮아지고 내가 하고 싶은 것을 포기하고 싶은 마음이 들게 됩니다. 단칸방이라도 좋으니 경제적으로 자립하기 위해 노력한다면 그 모습만으로도 주변 사람들에게 응원받을 수 있고, 나 자신도 남에게 간섭받지 않고 자율적인 삶을 꾸려 갈 수 있어요. 내 삶의 주인으로서 얻게 되는 자신감은 두말할 것도 없고요.

더 알아보기

데이터 분석이란?

데이터 분석(data analysis)은 유용한 정보를 발굴하고 결론적인 내용을 알리며 의사 결정을 지원하는 것을 목표로 데이터를 정리, 변환, 모형화(modeling)하는 과정이다. 다방면으로 접근 방식이 있고, 다양한 기술을 아우르며, 각기 다른 비즈니스, 과학, 사회 과학 분야에 사용된다. 오늘날 비즈니스 부문에서 데이터 분석은 의사 결정을 더 과학적으로 만들어 주고 비즈니스를 더 효율적으로 운영할 수 있도록 도와주는 역할을 한다.

데이터 분석 전문가란?

데이터 이해·처리 기술에 대한 기본 지식을 바탕으로 데이터 분석 기획, 데이터 분석, 데이터 시각화 업무를 수행한다. 이를 통해 프로세스 혁신 및 마케팅 전략 결정 등 과학적 의사 결정을 지원하는 직무를 수행하는 전문가를 말한다.

빅데이터란?

빅데이터는 통상적으로 사용되는 자료 수집, 관리 또는 처리 소프트웨어의 수용 한계를 넘어서는 크기의 데이터를 말한다. 빅데이터 분석은 작은 규모의 데이터로는 알 수 없었던 새로운 지혜를 빅데이터 속에서 발견하여 의사 결정에 도움을 얻는 활동이다. 빅데이터 분석가는 빅데이터 전문가로 '디지털 사이언티스트digital scientist' 혹은 '데이터 과학자'로 불린다.

누구나데이터에서 하는 일?

공익적 사업을 하는 비영리 단체가 데이터를 활용하여 기부자와 기부금을 더 많이 모을 수 있도록 돕는다.

- 어떤 SNS에 어떤 방식으로 홍보하는 게 더 나은지 비교 분석해서 알려 준다.
- 후원자들이 주로 어떤 경로를 통해 후원하는지, 연중 어느 때 더 많이 후원하는지 등의 통계를 제공한다.
- 비영리 단체라는 생태계, 업계의 기반 시설 자체가 무척 부족한 상황이기에 업계 인프라를 구축한다는 사명감으로 일한다.

2.

좋아하는 일을 하며 문화를 바꾸다

앤스페이스, 정수현

두 번째 만남 : **정수현**

가장 나다울 때
가장 새로울 수 있어

#부동산 #스페이스클라우드 #공간공유
#팬클럽 #언론정보학부 #NGO
#도시문제 #도시혁신 #프롭테크

정수현이 걸어온 길

팬클럽 활동을 위해 홈페이지 제작, 기획, 웹 페이지 디자인, 코딩을 익히다 → 대학에서 커뮤니케이션을 전공하다 → 기자, PD를 꿈꾸다가 방향을 틀다 → 다양한 비영리 단체에서 근무하다 → 미디어 교육 회사를 차리다 → 앤스페이스 창업 → 스페이스클라우드 런칭 → 부동산 분야로 확장 → 세계적 기업이 되기 위한 준비 중!

진로 선택을 앞둔 당신에게

❝새로운 것을 추구하고 창조적으로 사는 일에 대해서 너무 불안해하지 마세요. 내가 나답게 살아갈 수 있다면 분명히 멋진 길을 만나면서 한 분야의 영역을 개발하고 변화시키는 인재가 될 수 있을 거예요.❞

좋아하는 일을 하며
문화를 바꾸다

저는 '앤스페이스'의 대표 정수현입니다. '공간 걱정 없는 세상이 올 때까지 부동산과 도시 서비스의 룰 체인저 앤스페이스'라는 주제로 제가 하는 일을 소개하려고 합니다. 보통 저는 강연할 때 '앤스페이스 창업가 그리고 대표, 이사'로 개인 이력을 세 줄 정도만 밝힙니다. '스페이스클라우드'라는 생활 공간 서비스 플랫폼을 만들어 운영하고 있다든가, 행정안전부에서 지역 혁신 프로젝트 위원으로 활동했다든가, 이런 일을 주로 소개하죠. 하지만 제가 소셜 비즈니스로 성장해 온 배경에는 청어람 아카데미, 사교육걱정없는세상 같은 비영리 네트워크가 있습니다. 이 책에서는 소셜 임팩트, 그러니까 사회적 변화를 만들어 가는 활동의 기반이 된 정신적인 자양분을 키운 시절을 토대로 이야기를 풀어 가는 게 바르다는 생각이 들어요. 제 개인의 주제인 '도시와 부동산 문제'를 풀어 갈 때 그 힘을 바탕으로 다양한 역량을 쌓아 왔으니까요.

더 머물기 좋은 도시를 만드는 사람

자기 소개할 때 공식적으로는 '더 머물기 좋은 도시를 만드는 소셜 디벨로퍼 정수현'이라고 말하는데요. 그게 제 직업적 정체성이라고 생각하기 때문입니다. 저는 앤스페이스의 대표이지만 제 직업적 정체성은 소셜 디벨로퍼(social developer: 사회 혁신을 추구하는 도시와 공간 개발자)예요. 이 명칭이 다소 생소할 수도 있을 것 같습니다. 보통 디벨로퍼는 부동산 개발 회사 혹은 부동산 개발업을 하는 사람을 통칭하는 말인데요. 이 디벨로퍼라는 직업군에 대한 철학을 들여다보면, 황량한 대지였던 곳에 사람들이 와서 집을 짓고 일상을 누리고 학교에 다니고 미래를 꿈꾸게 한다는 자부심이 담겨 있습니다. 어떤 사람들의 삶을 상상하면서 도시를 설계하고 만든다는 자부심이 느껴지는 이름인 셈이지요. 그래서 보통 디벨로퍼라는 직업은 부동산으로 도시를 만들고 개발하는 일을 뜻합니다.

저는 여기에 소셜을 더했습니다. 디벨로퍼는 전문 직종이고 법적인 용어이지만, 소셜 디벨로퍼는 약간 수식어 같은 거라고도 할 수 있어요. 실제로 요즘 한국 사회뿐만 아니라 세계적인 상황을 보면, 디벨로퍼는 부동산 안에서도 분양과 임대를 통해서 고수익만 만드는 방식으로 인식되어 대중적으로는 약간 평가가 절하된 직업군이에요. 그래서 그것과 차별화하는 의미에서, 디벨로퍼라는 말이 지닌 원래의 가치를 잘 살려서 우리 사회에 유익한 부동산을 만들고 사람들의 집 걱정이라든지 공간 걱정을 줄여 주기 위해서 고민하는 사람들을 소셜 디벨로퍼라고 합니다. 저 역시 그런 의미에서 직업적 독자성을 갖고 있고요. 최근에는 저뿐만 아니라 그런 독자성을 살려서 활동하는 사람들이 국내외에 많이 생기는 상황이에요. 다시 정리하면, 도시문제를 혁신적으로 해결하려는 부동산 개발, 기획, 공간 공유 서비스 등을 통해서 사회적 변화를 추구하는 디벨로퍼를 소셜 디벨로퍼라고 하고, 제가 하는 일도 그 안에 들어간다고 생각하면 될 것 같습니다.

'주택부터 사무실까지 모든 공간을 다루자. 그리고 그 공간을 적정 비용으로 잘 사용할 수 있는 비즈니스 구조를 만드는 게 우리의 목표다.'

앤스페이스에 신입 사원이 들어오면 늘 하는 이야기입니다. 그렇게 되면 자연스럽게 사람들이 머물기 좋은 동네가 되고 이웃들도 많이 생기니까 서로에게 좋은 환경이 되는 거죠. 사람들이 짧게 살면 이웃이 생기지 않지만, 한 지역에서 오래 머물다 보면 자연스럽게 이웃이 생기거든요. 그래서 소외되지 않는 지역 공동체를 만드는 서비스를 하고, 나아가 그러한 도시가 많아지면 나라 전체가 윤택해지겠죠.

'삶이 풍성해지도록 지속 가능한 개발을 만들자.'

이게 소셜 디벨로퍼들이 갖고 있는 직업적 철학이자 마음가짐입니다. 저도 이런 가치를 품고 10년째 비즈니스를 하고 있습니다.

진심으로 하는 일은 자산이 된다

이제 회사를 일구기까지의 이야기를 풀어 가려고 합니다. 그전에 잠깐 쉬어갈 겸 퀴즈 하나를 내 보겠습니다. 도시 혁신 기업 앤스페이스를 창업하고 대한민국 20~30대가 가장 많이 사용하는 공간 공유 앱 스페이스클라우드를 만들고 운영하면서 적정 비용의 커뮤니티 부동산 사업을 하는 소셜 디벨로퍼, 저 정수현의 대학 시절 전공은 무엇이었을까요?

저는 투자자들을 만나고, 기업 소개 활동을 하면서 부동산에 대한 저의 철학과 우리 회사의 비전과 미션을 많이 피칭(pitching)하고 다녀요. 피칭은 투자를 끌어내기 위한 발표를 말하는데요. 그러면 이 내용에 설득된 투자자들이 가장 먼저 하는 질문이 "대체 전공은 뭐였어요?"입니다. 제 전공은 부동산이나 건축, 건설과는 거리가 멉니다. 사실 저의 대학 시절 전공은 언론 정보 문화학부에 커뮤니케이션, 공연 영상학, 국제 지역학이라는 인문 사회 쪽이거든요. 그리고 개인적으로 디지털 미디어에 대한 관심이 컸기 때문에 세상 문제와 이슈를 사람들에게 알리고 퍼뜨리고 '이거 해결해야 해!'라고 말하고 다니는 일을 아주 좋아했어요. 즉, 부동산 전문 전공자는 아니라는 걸 먼저 말씀드립니다. 물론 지금은 필요한 부분이 있어서 대학원에서 국토경제학을 공부하고 있지만요. 대학 시절부터 '부동산과 도시 문제를 풀어야지.' 하고 시작했던 건 아니에요. 그땐 사실 제가 어떤 직업을 선택하고 성장할지도 몰랐던 것 같아요.

전공은 아니지만 제가 지금의 일을 하는 데 도움을 준 경험이 있습니다. 저는 팬클럽 활동을 청소년기부터 대학 시절까지

했었는데요. 전공도 커뮤니케이션이고 그때가 유튜브, 구글 이런 것들이 막 나오던 시기라 개인적으로 홈페이지 제작, 기획, 웹 페이지 디자인, 간단한 코딩 정도를 배웠어요. 왜냐고요? 팬클럽 활동을 원활하게 하기 위해서요. 우리 '오빠'를 멋있게 표현해 줘야 하니까(웃음). 우리 업계에서 보면 연예인 팬클럽이 마케팅을 제일 잘합니다. 팬클럽 운영에 필요한 재원을 마련하는 모금 활동부터 디자인, 기획, 매체 설계까지 조직 운영과 관계된 일을 정말 잘하거든요. 저도 팬클럽 활동하느라 SNS까지 진출했는데, 그렇게 취미로 했던 활동이 비영리 단체에서 직장 생활을 시작하면서 큰 도움이 되었습니다. 제가 갖춘 디지털 커뮤니케이션 역량이 비영리 단체에 도움이 된다는 걸 깨닫고 큰 효능감을 느꼈죠.

그때부터는 연예인 띄워 주는 일을 하는 게 아니라 우리 단체를 대중에게 알리기 위한 활동을 정말 기쁘게 했어요. 제가 속한 단체 대표들이 그런 활동을 마음껏 할 수 있게 의제를 계속 주었던 것 같아요. 그래서 비영리 단체에 있는 동안 정말 다양한 프로젝트를 경험할 수 있었답니다.

그때부터 저의 커리어 여정이 시작됩니다. 먼저 고백하고 싶은 게, 저는 사회적 변화라는 가치에 헌신하는 사람들을 보고 정말 큰 매력을 느꼈습니다. 국제기구 활동가부터 비영리 단체 종사자까지 우리나라의 정말 많은 활동가들에 대한 존경과 관심에서 출발해 저도 비영리 영역에 관심을 두게 되었습니다. 이것이 제 20대의 첫 번째 키워드입니다.

두 번째 키워드는 건강한 공동체가 만들어지는 소셜 미디어 생태계입니다. 앞서 말씀드린 것처럼 디지털 미디어 쪽으로는 선수였거든요. 팬클럽 회원 때부터 쌓은 실력이 있었고, 네트워크 안에서 건강한 공동체가 만들어지는 생태계에 대해서도 관심이 많았습니다.

그래서 관련된 활동을 하다 보니까 자연스럽게 다양한 일을 하게 되었습니다. 사교육걱정없는세상에서 '국민이 설계하는 대학 운동' 프로젝트를 맡아서 열심히 의제 보고서도 쓰고, 비주얼라이징(visualizing: 데이터나 발표 주제를 이미지나 도표, 그래픽 등으로 시각화하는 마케팅 기법)도 하고, 인포그래픽도 만들고, 우리 단체 블로그도 만들고 이렇게 저렇게 다 시도할 수 있었어요. 당시 너무 신나게 프로젝트를 진행했고 이때 디지털 관련 역량이 정말 크게 성장했던 것 같아요.

그런데 후원금도 많이 없고 종사자도 두세 명밖에 없고, 그래서 홈페이지 만들 여력조차 없는 단체가 정말 많더라고요. 저는 비영리 단체 생태계 전반에 관심이 있었기 때문에 그쪽으로 눈을 돌리게 되었어요. 그래서 디지털 미디어 기술을 조금만 공부하면 수월하게 단체를 활성화할 수 있도록 디지털 미디어 교육 커리큘럼을 짜서 활동했습니다. 단체마다 가서 확인하고, 교육하고, 그 단체의 사이트를 개선하는 활동을 했던 거죠. 지금 생각해 보니 약간 N잡 같네요(웃음). 아무튼 대단히 많은 비영리 단체 활동가를 만났습니다. 미디어 교육으로 3,000명이 넘는 사람들을 3~4년 동안 만났던 것 같아요. 그러면서 저한테 창업가의 DNA가 생겨 났는지도 모르겠어요.

제가 가진 에너지를 필요한 곳에 나누는 경험이 저에게는 큰 기쁨이었던 것 같습니다. 하다 보니 제가 그런 일에서 엄청난 효능감을 느끼는 사람이었다는 걸 깨닫게 됐지요. 그런데 이렇게 수백 개 단체와 수천 명의 사람을 만나다 보니까 저를 지켜보는 사람들이 생겼어요. 그중 한 곳이 다음(지금은 카카오로 인수)이라는 회사였습니다. 다음에서 보기에 비영리 생태계와 일반인을 대상으로 디지털 교육을 잘한다 싶었는지 저를 전임 강사로 데려가 아예 프로젝트 사업을 재현하더라고요. 그래서 다음과 프로젝트를 같이하면서 다양한 단체의 교육을 설계하는 프로그램을 개발하게 되었습니다.

필요한 공간이 없어? 우리가 만들자!

다음과 협업한 경험을 쌓은 게 제가 막 30대가 되던 시점이었어요. 그 일을 계기로 저만의 무기가 생겼다고 할까요? 여기저기서 '우리도 교육해 주세요.' '우리 단체도 개선해 주세요.' '캠페인을 하고 싶어요.' 등 문의가 빗발쳤습니다. 저 혼자 할수는 없겠다고 생각했어요. 그래서 '콘텐츠가 길을 놓는 커뮤니케이션'이라는 신조로 'SMLab'이라는 비영리 미디어 교육 프로젝트를 만들게 되었습니다. 이걸 구성하면서 다양한 분야의 전문가를 만나게 되었는데 저 혼자 여러 기관을 다니면서 교육하는 게 힘들더라고요. 자연스럽게 안정적인 미디어 교육 시설이 필요해졌고, 그런 시설을 찾기 위해 전국에 수소문했습니다. 그런데 저는 2시간이나 3시간, 이렇게 한정적으로 사용할 공간이 필요한데, 제가 원하는 교육 시설을 빌리려면 한 달을 계약해야한다든가 아주 무거운 계약금을 내야 하는 상황이었어요. 공간때문에 프로젝트를 발전시키기 어려운 환경에 처했던 거지요. 그런 상황 속에서 자연스럽게 공유 공간의 가능성에 대해 눈을 뜨게 되었습니다. '나는 3시간만 쓸 건데 다른 사람도 여기를 똑같이 빌려서 3~4시간 쓰면 공간을 효율적으로 잘 쓸 수 있지않을까.' 그 당시에는 우리나라에 '공유 오피스' 개념도 많이 없을 때라 이런 기반 시설이 너무 부족하다는 사실을 새삼 깨달았던 기억이 납니다.

이런 문제를 해결할 수 있는 자료를 찾다가 다른 나라에서 '창업 도시'라는 개념이 나타나기 시작했다는 사실을 알게 되었어요. 두세 사람이 사무실을 같이 쓰는 공유 오피스 개념이 세계적으로 확장되는 추세였거든요. 말하자면 스타트업이라는 생태계의 확장과 함께 공유 오피스도 자연스럽게 따라오는 상태였는데, 제가 창업하던 시점에 한국에는 그런 공유 공간을 구현하는 곳이 없었습니다.

'두세 사람이 모여서 재미있는 일을 시작하려고 할 때, 정기적으로 또 안정적으로 모일 수 있는 공간이 부족하구나. 실험하고 도전하려는 사람들을 위한 도시 인프라가 너무 없네. 그러면 우리가 만들자.'

그렇게 공유 공간을 기획하고 운영하는 프로젝트를 시작하며 저는 공간 사업자로 데뷔하게 되었습니다.

제가 기획한 첫 번째 프로젝트가 '스페이스노아'라는 공간이었어요. 이 공간을 만들면서 기본적인 기술을 많이 배웠습니다.

같이 공유하기로 약속하고 들어온 멤버들이기 때문에 여기서 쓰고 저기서 써도 상관없었죠. 카페가 불특정 다수가 모여서 놀고 가는 곳이라면 공유 오피스는 일하러 온 사람들, 그러니까 뭔가를 창조하는 사람들이 모이는 곳이기 때문에 에너지 자체가 달랐습니다. 이렇게 모임이 있을 때 아주 저렴하게 빌려줘서 다양한 모임을 할 수 있도록 공간을 유치했습니다. 공간은 하나지만 다양한 목적과 선하고 창의적인 에너지를 가진 사람들이 모여서 이 코워킹(co-working) 스페이스를 알차게 사용하고 서로의 비즈니스를 발전시키고 사회적 관계망과 생태계가 넓어지는 모습을 보면서 정말 기뻤습니다. 첫 번째 공간 프로젝트를 하면서 많이 배웠고, 지금까지도 친하게 지내는 비즈니스 친구들을 다 여기서 만났습니다. 저한테는 굉장히 소중한 프로젝트였던 거죠.

그때 저한테 딱 1년의 운영권이 있었습니다. 나중에 결산해 보니까 그동안 거의 1,000회 가까이, 900회 넘는 대관과 모임을 유치했고, 이 40평 공간에 2만 명이 넘는 방문자가 오갔다는 놀라운 현실을 확인할 수 있었습니다. "아니, 어디에나 보이는 흔한 상가 건물인데 이렇게 임팩트가 나는 비결이 뭐예요?" 자연스레 이런 질문을 하는 사람도 많았어요. 그러면 공유 공간으로 운영된다는 말씀을 드린 뒤에 그 기준을 또 열심히 알려 주곤 했지요. 그래서 언론 기사에도 많이 나오고, '공유 공간이라는 게 이렇게 효율적이구나.' 적정 비용으로 공간을 아주 잘 쓸 수 있구나.' 하고 많은 사람이 주목한 것 같습니다. 지금은 공유 공간이 많아지기도 해서 그때처럼 간절한 시절은 아닙니다. 하지만 공유 공간이 막 생겨나던 초기에는 그런 문화가 무척이나 새롭고 좋았던 시절이었습니다.

열심은 또 다른 기회를 만든다

공유 공간을 잘 운영하다 보니까 다른 일이 들어오기 시작했습니다. 열심히 뭔가를 하다 보면 주변에서 지켜보다가 문의하더라고요. '스페이스노아가 활성화되는 걸 보니까 신기하다. 어떻게 운영하면 다른 사람들과 공간을 공유해서 부가적인 임대 수익도 얻고 우리 공간도 지속 가능하게 운영할 수 있겠느냐.' 하는 문의를 정말 많이 받았습니다. 이런 문의를 모두 모으면 일이 될 것 같았습니다.

공간 하나를 잘 만들어서 공유하는 것을 넘어서 이 공간을 다양한 생태계로 연결하는 법인을 만들어 보자, 결심했어요. 그렇게 'N개의 공간을 연결한다.'라는 의미로 앤스페이스를 시작했습니다. 그때는 이렇게 회사를 10년이나 운영할지 모르고 거창하게 시작하지는 않았지요. 앤스페이스를 만들고 첫 번째 프로젝트로 스페이스클라우드를 만들어서 블로그를 개설했습니다. 저한테 의뢰하거나 문의하는 공간 운영자 열몇 팀의 정보를 모아 소개하는 사이트로 시작한 거였죠. 그때는 1년 정도 해보면 재미있겠다, 가볍게 생각했는데 지금 그 사업을 10년째 하고 있습니다. 그만큼 우리 사회에 필요한 일이라고 할 수 있는 거겠죠.

그때는 블로그에 등록 요청을 하면 이메일로 신청받아 진행했거든요. 예약 역시 요청 전화가 오면 우리가 대신 컨시어지로 "지금 거기 공간 빌릴 수 있나요?" 하고 직접 확인한 뒤에 연결하는 방식이었어요. 공간을 공유하는 사람들이 더 많아졌으면 좋겠다는 순수한 마음이었습니다. 그런데 여러 공간이 등록되기 시작하면서 상황이 조금 변했습니다. 처음에는 친하게 지내던 공간 기획자들의 공간을 받아서 시작했고 누군가의 공간 공유를 돕자는 가벼운 마음이었는데, 등록자 수가 늘면서 복잡해진 거죠.

메일로 들어오는 등록 요청을 창업 구성원 두세 명이 함께 처리했는데, 일일이 등록하기엔 너무 많아 점점 버거워졌습니다. 창업했지만 아직 돈을 버는 모델은 아닌데, 사용하고 싶다는 요청은 쏟아져서 도저히 감당할 수가 없었어요. 우선 급한 불부터 끄자는 심정으로 개발자 친구의 도움을 받아서 공간이 자동으로 등록되는 기능만 만들었습니다. 그랬더니 몇 개월 만에 바로 200개 넘는 공간이 등록되었습니다. 그만큼 공간을 공유하는 시장의 신호가 보이기 시작한 거죠.

하지만 시스템 관리나 서버 관리를 어떻게 해야 할지 도저히 몰라서 막막했습니다. 그러던 차에 소셜벤처 투자 회사에서 우리를 찾아온 거예요. 스페이스노아, 그러니까 1년 전부터 우리가 해 오던 일을 쭉 지켜보았다고 했습니다. 앞서 말했듯이 처음에는 이 사업을 비영리로 접근했거든요. 비영리 방식이 좋아서 아무런 대가도 받지 않고 그냥 공간을 공유하는 채널로만 운영해 왔는데, 투자 회사 관계자들은 이렇게 이야기하더군요.

"사회적인 문제를 해결하는 길이 꼭 비영리 분야에만 있는 건 아닙니다. 비영리라는 방법론도 훌륭하고 가치 있지만, 비즈니스라는 방법론으로 고객의 문제를 해결해 주는 것도 굉장히 중요한 사회 문제 해결법이에요."

이런 취지로 설득하면서 소셜벤처의 세계로 우리를 안내했습니다. 그때 우리에게 투자한 임준호 전 대표와는 지금도 꾸준히 소통하면서 멘토와 멘티 관계로 지내고 있답니다.

공유 공간 프로젝트가 비즈니스가 될 수 있는 새로운 세계에 눈을 뜨면서 많은 것이 변하기 시작했습니다. 먼저 사이트를 업그레이드했어요. 투자를 받은 덕분에 예약 자동화 기능을 만들 수 있었지요. 그랬더니 순식간에 1,000개 가까운 공간이 등록되고 예약되었습니다. 하지만 아직 결제 시스템을 갖추지 않았기 때문에 매출이 생기지는 않았어요. 즉, 돈은 안 들어오고 사이트 몸집만 계속 커지고 있었던 거죠. 나중에 알고 보니 스타트업에서는 아주 중요한 시기였습니다. 서비스가 커지고 있다는 데이터를 확보해야 훗날 투자와 연결되니까요. 하지만 그때는 그것도 잘 모를 때였습니다.

매출 수익은 없었지만 열심히 사이트를 발전시키며 "이제 곧 1,000개 넘겠다." 하면서 기뻐했던 기억이 납니다. 지금은 5만 개가 넘습니다(웃음). 아무튼 당시 그렇게 열심히 하고는 있었는데 수익은 나지 않고 사이트만 계속 커지고 있는 상황이라 우리는 N잡 형태로 공간 위탁 사업, 공간 운영 사업 같은 일을 또 했습니다. 낮에는 공간을 운영하고 밤에는 스페이스클라우드를 정비하는 상황이 되었습니다. 초기 창업가들의 열정에 찬 초과 노동이 계속되던 시기였지요. 창업에 관심 있는 사람들에게 미리 말하자면, 창업은 9 to 6가 안 됩니다(일론 머스크도 한 말이에요). 힘들었지만 즐거운 나날이었습니다. 낮에는 공간 공유를 통해서 브랜드 정체성을 확장하고, 밤에는 스페이스클라우드를 정비하며 바쁘고 활기찬 나날을 보냈지요.

그렇게 하루 이틀 지나 창업 6개월, 7개월 차쯤 되었을 때 드디어 연락이 왔습니다. 포털 기업 네이버에서요. 갑자기 네이버 투자실에서 연락이 와서 처음엔 장난 전화인 줄 알았습니다. 진짜라는 걸 알고 정말 놀랐죠. 약속을 잡고 만나러 가니 그 당시 부사장이었고 우리에게 투자해 준 한성숙 대표가 직접 나와서 우리 비즈니스에 대해 들어 보고 싶다고 했습니다. 제 말을 다 듣고는 "뭐가 필요합니까?" 하고 묻더라고요. 여러분, 살다가 보면 가끔 이런 질문을 받을 때가 찾아옵니다. 기회를 잡으려면 그때 대답을 아주 잘해야 해요. 당시 우리가 대답을 잘했던 것 같아요. 왜냐하면 "돈이 필요합니다."라고 이야기하지 않고, 우리의 고충을 토로했거든요. IT 업계의 대선배가 앞에 있으니, 서비스를 운영하는 데 필요한 다른 기능은 다 만들었는데 결제 기능이 없어서 힘들다고 솔직하게 말했지요. 사실 결제 정산은

IT 기술 가운데서도 난도가 높은 개발 프로그램입니다. "이건 리소스가 안 돼서 저희가 못 만드는데, 그래서 남 좋은 일만 하고 있습니다. 서비스는 계속 커지고 있는데 결제가 편하지 않아요. 그래서 우리 사이트에도 N페이(네이버의 간편 결제 서비스)가 붙으면 너무 좋겠습니다."라고 고충을 털어놓았지요. 그때가 네이버에서 막 N페이를 만들었을 때였거든요. 그분 입장에서는 본인이 만들고 설계한 N페이가 누군가에게는 꼭 필요한 시스템이라고 하니까 마음이 움직였던 것 같습니다. 감사하게도 바로 기술 팀을 불러서 외부 사이트에 결제 시스템을 붙이려면 어떻게 해야 하는지 자문해 주었어요. 그때의 N페이는 지금처럼 쇼핑몰에 붙는 시스템이 아니었기 때문에 다른 방법이 필요했거든요. 그래서 결제 시스템부터 여러 가지 방면으로 도움을 받았는데, 이렇게 도와주려면 투자 관계가 되어야 한다고 해서 결국 투자까지 받았습니다. 그뿐만 아니라 네이버에서 가장 실력 있는 부동산 쪽 부서 개발자 20명을 지원해 주는 등 2대 투자자로서 큰 역할을 해 주었어요.

지금도 우리 회사와는 투자자 관계라 우리끼리는 '스페이스 클라우드의 MVP'라고 부르고 있습니다. 그렇게 모형을 만들어서 2년 동안 운영했고, 그 후 네이버와 같이 리뉴얼해서 새롭게 시작했습니다. 그다음부터는 열심히 일하며 지금은 전국에 있는 많은 공간 운영자와 함께 성장하고 있습니다.

문화를 창조하는 세대

여기까지만 보면 참 아름다운 이야기죠? 그런데 사업을 하다 보면 여러 굴곡이 찾아옵니다. 우리도 그랬어요. 어떤 사업이든 성장 과정에서 반드시 찾아오는 위기가 있습니다. 우리에게는 그게 바로 코로나19였어요. 제대로 성장하기 시작한 지 3년 차쯤 되었을 때 코로나19가 발생했습니다. 감염병만으로도 벅찬데 이때 사회적 거리 두기도 같이 찾아왔어요. 전 국민에게 '집에만 있으세요. 모이지 마세요. 파티룸 사용하면 안 돼요.' 하면서 아주 민감한 상황이 되었지요. 모임이 제한되고, 10인 이하만 모이는 게 새로운 사회 규칙이 되면서 모임 공간을 공유하는 서비스가 큰 타격을 입었습니다. 사업이 이대로 주저앉는 건 아닐까, 고민할 정도로 어려워졌어요. 그러다 감사하게도 시간이 흘러 소모임이 허용되기 시작했어요. 그 발표 이후 갑자기 서비스 이용도가 다시 수직으로 올라가기 시작했습니다. 우리 서비스를 적극적으로 사용하는 고객들은 주로 10대와 20대인데요, 이들의 생활 방식이 바뀐 거예요. 모두 아시겠지만 팬데믹으로 학교에도 못 나가던 시기가 있었습니다. 온라인으로만 수강하고 온라인으로 면접을 보고 이러다 보니까 온라인 화상 회의실이 필요해진 겁니다. 또 팬클럽 회원끼리 모여서 같이 공연도 보러 가고 그래야 하는데 공연장이 다 문을 닫으니까 놀 수 있는 공간이 없었던 거예요. 그러면서 파티룸이나 예쁜 공간을 빌려서 삼삼오오 모이는 문화가 생기기 시작했고, 친구끼리 작은 장소를 빌려서 자신들의 라이프 스타일을 누리는 문화가 완전히 안착한 거죠.

코로나19가 끝난 요즘도 이런 공간에 대한 수요는 여전히 많습니다. MZ세대 문화로 자리 잡았기 때문입니다. 예를 들어 친구들을 만나면 보통 카페나 식당에 갔다가 영화관에도 가고 술도 한잔 마시고 이런 식으로 많이들 놀아요. 그런데 거기에 들어가는 총 비용과 파티룸을 빌려서 노는 비용이 크게 차이 나지 않습니다. 그래서 파티룸을 빌려 같이 넷플릭스 영화도 보고 배달 음식을 시켜서 즐겁게 하루를 보내는 방식이 지금 MZ세대의 생활 방식과 여가 문화로 자리 잡았어요. 그런 문화가 코로나19 시기에 생긴 것이기 때문에 우리 서비스가 다시 살아나기 시작했고, 최근에는 공간 대여라는 항목이 화제의 창업 아이템으로 떠오를 정도로 트렌드가 되었지요. 저는 그래서 MZ세대에 참 고맙고, 그들이 더 자기답게 사는 도시를 만들기 위해 다양한 서비스를 시도하려고 합니다.

스페이스클라우드에서 유통되는 장소는 여럿이 모여서 워크숍을 열거나 파티를 하는 공간으로 이용되는데, 파티룸은 보통 이벤트용으로 꾸민 공간이에요. 말하자면 친구들과 하루를 보내기 좋도록 거실 같은 곳을 예쁘게 꾸며 놓은 공간이거든요. 그래서 이 공간을 이용해 다양한 파티 문화가 만들어지고 있어요. 일상에서 벗어나 하루를 즐기기 위한 여가 문화, 예를 들면 브라이덜 샤워(bridal shower: 결혼을 앞둔 신부를 친구들이 축하하는 파티)나 스몰 웨딩(small wedding: 간소한 결혼식) 같은 파티나 모임 역시 이런 공간에서 이루어지고 있습니다.

때로는 우리도 사용자들이 공간을 사용하는 모습을 보며 깜짝 놀랍니다. 생각지 못했던 새로운 문화가 만들어지는 광경을 보게 되니까요. 예를 들면 팬클럽 같은 경우입니다. K팝이 워낙 뜨고 있는 아이템이다 보니까 커버 댄스를 하는 사람들이 전국에 수만 명이 있어요. 그들 덕분에 공간이 더 풍요로워지는 것 같습니다. 지하 공간이 원래는 임대해도 잘 안 나가는 곳인데, 홍대 같은 지역에는 지하 연습실이 다 창업으로 채워지고 있어서 마땅한 지하 공간을 찾기 어렵다는 이야기가 나올 정도입니다. 그 정도로 지하실과 후미진 공간을 재미있게 만드는 사람들이 있거든요. 각양각색의 시도가 모여 도시가 더 흥미로워지는 거죠. 사업을 하면서 새로 발견하게 되는 모습이 정말 많습니다. 예를 들면 어떤 공간은 전망, 즉 뷰를 팔기도 해요. '남산 뷰가 보이는 루프톱' 이런 식으로 이름을 붙여 색다른 공간을 파는 거죠. 도시 곳곳에 다양한 공간이 숨어 있는데, 어디서 이런 공간들을 구해야 할지 몰랐다가 스페이스클라우드 안에서 용도와 목적에 맞게, 또 인원수와 시간대에 맞게 공간을 빌릴 수 있게 되는 거예요. 이렇게 사업을 하다 보니까 다양한 공간을 빌려서 다양한 삶을 사는 이들의 생활 방식을 보면서 저도 차츰 변해 가고 있습니다.

예전에는 그냥 '사회 문제를 해결해야지.' '부동산 공시 가격을 줄여야지.' 이렇게 당위적인 사고를 했다면 실제 사람들이 적정 비용으로 공간을 누리는 모습을 보면서 저의 사고도 더 확장되고 있어요. '새로운 세대들이 어떤 도시를 소비하고 싶을까, 그리고 도시는 이들을 위해서 어떤 조건으로 존재해야 할까.' 같은 고민을 정책적으로도 하게 되었고요. 세상의 흐름을 통해 저 또한 큰 도움을 받는 거죠. 이런 과정을 거쳐 우리 회사도, 또 저의 생각도 단순히 공간을 많이 공유하자는 레벨 1단계에서 레벨 2단계로 자연스럽게 넘어가기 시작했습니다.

다음 스텝, 글로벌 플랫폼

제 커리어를 길게 이야기한 이유가 있습니다. 부동산에 대해 새롭게 이해하게 되었기 때문입니다. 시장을 관찰한 결과, 공급자 중심의 부동산 시장이 문제의 근원이라는 사실을 발견하게 되었거든요. 다양한 부동산 문제로 인해 사회가 시끄러운데, 그 문제의 이면에 담긴 본질을 꿰뚫어 보면 부동산의 이용자와 공급자 관계가 공평하지 않다는 점이 핵심입니다. 공급자가 돈 욕심을 갖게 되면 전체적인 가격이 다 올라가서 계약 중단 같은 사태가 생기기도 하고요. 부동산에 대한 권한이 소유자 중심으로 되어 있으니, 사용자는 가장 마지막에 선택하게 되는 구조가 되는 거예요. 사용자의 사용권이 강화되려면 소유자 중심으로 집중된 권리가 좀 더 민주화되어야 합니다.

직접 플랫폼 비즈니스를 하면서 깨달았어요. 사용자의 힘이 더 세지는 구조를 만들 수 있겠다는 사실을요. 우리 회사에서는 이걸 '플랫폼 임팩트'라고 표현합니다. 우리가 플랫폼에서 1,000만 명의 이용자를 모으면, 이 1,000만 명의 이용자를 대상으로 공간 비즈니스를 하는 공간 기획자가 모입니다. 이용자에게 공간을 팔기 위해서 다양한 기획을 하게 되고, 그렇게 되면 아주 경쟁력 있는 좋은 공간들이 만들어져요. 그러면 건물주한테서 연락이 옵니다. 코로나19 때 실제로 그런 일이 아주 많았어요. 공간을 잘 운영하고 성과를 내서 건물 가치를 높여 줄 수 있는 운영자 정보를 달라는 문의를 많이 받았지요. 그러니까 공급자 중심 시장에서 사용자 중심의 시장으로 역전되는 일이 일어나기 시작하는 거죠.

그래서 요즘 도시 시장에서는 공간을 매력적으로 잘 운영하는 공간 기획자의 힘이 더 세지고 있어요. 그리고 임대차 계약을 맺을 때도 공간 기획자가 조금 더 유리한 조건으로 맺을 수 있는 옵션을 많은 건물주가 제시하고 있습니다. 그 결과 점점 더 좋은 공간 서비스가 만들어지는 겁니다. 우리가 하는 공유 비즈니스가 도시의 규칙을 바꾸고 있고, 공급자(건물주) 중심의 세상에서 사용자, 이용자 중심의 도시로 문화를 바꾸고 있다는 사실이 가장 큰 보람이고 효용입니다.

이제 여기에서 멈추지 않고 나아가려 합니다. 바로 해외로 진출하는 것입니다. 지금이 레벨 2라면 레벨 7 정도의 도전이에요. 가끔 해외에 가서 우리 서비스를 소개할 때면 그곳에서도 이야기하더라고요.

"우리 동네에도 스페이스클라우드가 필요해요."

이렇게 말하는 친구들을 유럽과 동남아시아 곳곳에서 만났습니다. 물론 유사한 서비스가 많지요. 그런데 도시의 규칙을 바꾸는 문화를 만드는 일, 새로운 세대가 도시에서 적정 비용으로 더 다양한 공간을 누릴 수 있게 하는 일은 세계로 확장될 가치가 있고 또 우리가 잘할 수 있는 일이라고 판단했습니다. 유럽을 보면 공유 공간에 특화된 도시가 매우 많거든요. 유럽 시장을 첫 번째 타깃으로 잡고 소셜 임팩트가 있는 공유 공간 플랫폼을 확장하기 위해 준비하고 있습니다.

10년을 꾸준히 할 수 있던 비결은?

지금부터는 사업을 하며 다져 온 저의 철학과 앞으로 이런 일을 하고 싶은 사람들에게 도움이 될 이야기를 하려고 해요. 시작하기에 앞서 이 말씀부터 드리고 싶어요. 저는 다른 부분에서는 제 자신을 칭찬하지 않는데 어떤 일을 10년 동안 꾸준히 해 왔다는 사실에 대해서만큼은 스스로 칭찬하고 싶다는 거예요.

도시와 부동산이라는 주제를 만난 뒤 10년이라는 시간이 흘렀습니다. 그동안 이 주제를 끌고 갈 수 있었던 끈기가 저의 장점이라고 생각해요. 그래서 무엇이 저를 그렇게 하나의 주제로 끊임없이 활동하게 만들었을까 고민해 봤습니다.

일단 누군가의 자기다움을 잇는 도시를 만들려면 자신에게도 자기다움이 있어야 한다고 생각해요. 저의 첫 번째 특징을 요즘 유행하는 MBTI로 설명해 볼게요. 저는 ENTJ거든요. 그런데 ENTJ의 특징 중 하나가 새로운 도전, 어떤 새로운 규칙을 만드는 걸 좋아하는 성향이라고 합니다. 계속해서 도전하는 것 자체가 굉장히 즐겁고 지극히 저다운 방식이었던 거죠. 이미 만들어진 시스템 안에서 높은 서열을 차지해 나의 존재를 증명하는 방식의 성공보다는 '내가 즐겁게 생각하는 세상을 스스로 만들겠어.'라는 생각이 저의 성향과 잘 맞았던 것 같아요.

두 번째로는 소셜벤처라는 장르를 굳게 지키는 것입니다. 엄청나게 큰 동력이죠. 저는 성향적으로 이웃의 고충에 관심이 있는 편이에요. 이 부분은 노력해서 얻은 게 아니거든요. 이런 성향을 확인하게 된 사건이 있었어요. '무중력지대' 센터를 만들고 앤스페이스를 창업한 지 3년 차가 되어 가는 시점에 '송파 세 모녀 사건'이라는 이슈가 터졌어요. 저랑 비슷한 또래의 두 자매와 어머니가 마지막 월세 38만 원을 남기고 극단적 선택을 한 사건이었는데, 그 사건이 있고 나서 한동안 아무것도 할 수가 없었습니다. 제가 잠실에 살았거든요. 가까운 곳에 사는 이웃이 어떤 고통을 겪는지도 모른 채 살고 있다는 점에 스스로 큰 충격을 받았고, 주변에 고통받는 친구들이 없는지를 살펴보려고 해도 그들을 만날 공간이 없다는 것을 깨달았습니다. 사실 학교, 학원, 직장 외에는 우리가 사람을 만날 수 있는 공간이 거의 없으니까요. 이웃과 교류하고 마주하고 일상의 안위를 물어볼 수 있는 커뮤니티 공간이 너무나 필요하다는 생각을 그때 했습니다. 그래서 지금도 기회만 되면 커뮤니티 공간을 만들려고 하고 있어요. 직업이 뭐든 연봉이 얼마든 어떤 종교든 어떤 철학이든 상관없이 다 같이 모여서 밥을 먹고, 서로의 안위를 묻고, 같이 삶을 누릴 수 있는 기능의 공간을 될수록 많이 만들어야 한다고 생각하게 한 사건이에요.

또한 "이제는 부동산 분야에서도 활동합니다." 이렇게 말하고 다니기 때문에 2023년에 터진 전세 사기 이슈처럼 이웃이 부동산과 도시 때문에 곤경에 처한 문제를 그냥 지나칠 수가 없습니다. 그리고 한 문제를 계속 꿰뚫다 보면 분명히 해결할 방법과 길이 보입니다. 그 길을 나서는 게 용기가 필요한 일이지만요. 제가 꾸준히 활동할 수 있었던 바탕에는 이런 철학과 마인드가 있었습니다.

세 번째는 20대 때부터 친구들과 같이 토론할 때마다 했던 말입니다. 우리나라의 가장 큰 문제는 부동산과 교육이라고요. 이 두 가지가 양대 산맥, 두 개의 탑일 거예요. 그래서 사교육 걱정없는세상에 들어갔고, 20대 때 감사하게도 그곳에서 일하며 한국 교육 문제의 본질을 공부하고 배우는 시기가 있었지요. 개인적으로는 부동산 이슈에도 꾸준히 관심이 많았어요. 사실 부동산 문제를 해결하는 것 자체가 정말 어려운 일이에요. 너무 얽혀 있는 게 많다 보니 쉽게 해결되는 일이 아니거든요. 그렇지만 역으로 저 같은 창업가들은 쉽게 해결되는 일보다 중장기로 오랜 시간이 걸리는 일에 아이템을 던졌을 때 사업이 더 잘됩니다. 제 경우에는 많은 사람이 쉽게 해결될 수 없는 문제로 고통받고 있기 때문에 비즈니스 방법론이 되었든 정책적인 방법론이 되었든 우리가 만드는 서비스와 제품 혹은 아이디어가 도움이 된다는 믿음이 있어요. 앤스페이스가 오랫동안 이어질 수 있었던 것도 이 문제가 단시간 내에 해결되지 않고 더 나아가야 하는 속성이 있기 때문이라는 생각을 하고요. 그러니까 '오래 일하며 돈을 많이 벌어야 우리가 잘된다.' 이런 생각도 필요하지만, 단순히 돈의 문제가 아니라 오랜 시간에 걸친 끈기와 이 문제를 해결하겠다는 의지가 필요하다는 거죠. 창업가들에게는 기본적으로 이런 속성이 있고, 저는 부동산에서 그 주제를 발견한 것 같습니다.

네 번째는 세계 시장에 관한 시각입니다. 다른 스타트업 대표들을 만나도 다들 글로벌 시장을 생각한다고 말해요. 객관적으로 한국이라는 시장이 작은 건 사실이거든요. 우리가 만들려는 제품의 크기나 세계관에 비하면 한국이 그렇게 큰 시장은 아니에요. 그래서 저는 가끔 '미국에서 태어났으면 얼마나 좋았을까?' '내가 영어권에서 태어났더라면 얼마나 더 큰 사업을 했을까?' 이런 상상을 하기도 해요. 물론 좋은 점도 있습니다. 한국은 작지만 굉장히 매력 있는 시장이고 또 표본이 되기에 좋은 조건을 가진 시장이거든요. 그래서 한국에서 성공하면 다른 곳에서도 성공할 가능성이 크다고들 합니다. 그런 부분을 생각하면 저는 한국이라는 시장에서 스타트업을 하면서 제 안에 있는 자기다움을 회복하고 발견하는 데 큰 도움을 받았던 것 같고, 그걸 통해 우리가 비록 비영어권이지만 세계적인 시장을 향해서 나아갈 수 있다는 포부도 생겼습니다. 그래서 저와 다른 창업가들이 들려주는 이야기를 통해 미래의 청소년들이 아예 사고 자체를 '나는 글로벌을 무대로 삼고 놀 거야.' 하고 확장하면 좋겠습니다. 앞으로는 챗GPT도 대중화되고 자동 번역기도 있기 때문에 언어의 문제는 의외로 크지 않다고 생각해요. 물론 저도 더 겪어 봐야겠지만 마음가짐의 문제라는 생각을 합니다. 전 세계 지표를 보면 부동산 문제는 우리나라만 겪고 있는 문제가 아닙니다. 주거 빈곤의 문제라든지 건물 소유권자인 임대인으로부터 임차인이 고통받는 문제라든지 사람들의 자기다움을 펼치기에 공간이 충분하지 않다는 것은 데이터로도 알 수 있는 전 세계적인 문제예요. 이렇게 세계적인 문제 속에 나를 던질 때, 그래서 '한국에서 내가 1, 2위 하는 건 별로 중요하지 않아.'라고 생각할 때 조금 더 넓은 시장으로 나갈 수 있지 않을까 각오하고 있습니다. 저도 지금은 한국에서 사업하고 있지만, 마음속으로는 '우리는 전 세계를 향해서 일한다. 한국에서 견본을 만들고 있을 뿐이다.' 하는 생각으로 일하고 있어요.

저에게는 믿음이 하나 있습니다.

'이 사업은 개인이 돈을 잘 벌어서 내가 부자가 되는 비즈니스가 아니다. 이 사업이 잘된다는 것은 우리 사회의 부동산 문제가 그만큼 해결되고 있다는 뜻이다.'

앤스페이스는 이런 믿음이 회사 내부 가치로 공유되는 회사예요. 우리의 성장이 곧 누군가에게 유익이 된다는 신뢰와 비전이 있는 거죠. 이 믿음은 자기가 하는 일에 대한 자부심으로도 연결됩니다.

이제 마지막 차례입니다. 팀을 꾸려 가는 일에 관해 이야기하려 해요. 그동안의 제 경험을 말하면, 리더십은 고정되어 있지 않고 계속해서 성장하는 것입니다. 사업을 하면서 리더십 공부를 많이 한 것 같아요. 그래서 가능하다면 훗날 스타트업이나 작은 단체를 창업해 보라고 권하고 싶습니다. 만약 새로운 길이나 경력을 원하는 사람이라면, 또 전공에 관계없이 자기 문제의식이 분명한 사람이라면 창업하는 경험을 20대 후반이나 30대에 꼭 해 보라고 권합니다. 경험을 통해 많이 성장할 수 있기 때문입니다. 제가 그런 과정을 거쳐 왔기에 드리는 말이기도 해요. 사업을 하면서 '내가 이렇게 옹졸한 사람이었나.' 하는 자각부터 '더 많은 사람을 품을 수 있는 기업이 되려면 나 스스로가 많이 커져야겠다.'라는 생각을 정말 많이 했습니다. 성장한다는 것은 결국 자기 그릇을 키워 가는 과정인데 그걸 배우기에는 사업이 참 좋습니다. 다른 사람들에게 월급을 주는 연습을 해야 이 자원을 어떻게 관리하고 효율적으로 써야 하는지에 대한 감각이 생기거든요. 예산을 포함해 모든 것에 한계가 있는 시점에서 가장 좋은 효율을 만들기 위한 팀을 짜야 한다는 생각, 그게 곧 실력이 됩니다. 물론 꼭 창업해야만 얻을 수 있는 경험은 아닐 수도 있어요. 하지만 저는 그런 경험을 창업이라는 방법론을 통해서 많이 학습했습니다. 창업에 학벌이 필요하지는 않으니까 오히려 더 많은 사람이 창업을 통해 다양한 상황을 학습할 수 있다고 생각하고요.

창업하려면 먼저 문제의식이 있어야 하고, 하고 싶은 일에 대한 도구를 갖춰야 합니다. 그다음에는 좋은 팀을 만드는 게 가장 중요합니다. 이런 문제는 절대 혼자서는 풀 수 없거든요. 창업가가 아무리 뛰어나도 팀이 없으면 풀지 못하는 문제들이 있어요. 그래서 저는 좋은 팀을 만들고, 관계를 만들어 가는 연습역시 아주 중요한 역할을 한다고 생각합니다.

미래의 창업가에게 드리는 실제적 팁

훗날 창업을 시작할 사람에게 제안하고 싶은 몇 가지 의제가 있습니다. 앞으로의 세상은 복잡하고 난도가 높은 문제들을 해결해야 하는 상황입니다. 필수적인 기본 소양 외에도 복잡하고 난도 높은 문제들을 정의하고, 또 그 문제를 해결하기 위한 방법론을 세우는 힘이 더 필요하지요. 다양한 글로벌 사회에서의 국제적인 기준을 많이 알고 자기만의 경로를 설계하는 게 중요합니다.

예를 들면 사업을 하면서 자주 듣는 말이 있어요. "소셜 임팩트라니, 뭐가 소셜 임팩트인데?"라고 했을 때 그 가치를 측정하는 기준이 있거든요. 그 기준에 맞춰서 사업을 설계하면 국가나 기관에서 그 사업을 지원합니다. 그런 기준을 잘 알고 새로운 문제를 해결해 나가는 것, 새로운 시대의 규칙을 잘 아는 것이 앞으로 새로운 리더들에게 아주 중요한 지표가 됩니다.

먼저 가장 많은 기업가가 보는 지표는 유엔에서 제공하는 '지속 가능한 발전 목표(SDGs: Sustainable Development Goals)'입니다. 실제로 SDGs는 다양한 기관과 기업에서 많이 연구하는데, 지속 가능한 발전을 위해 유엔에서 합의된 국제적인 약속으로 17개 의제를 제시합니다. 예를 들어 유엔 홈페이지에 들어가서 '빈곤 퇴치'를 클릭하면 빈곤 퇴치를 위한 지침이나 사회적 목표에 대한 기준을 제시해 놓아 그 내용을 상세하게 볼 수 있어요. 우리 회사는 기본적으로 11번 '지속 가능한 도시와 공동체 구축'이라는 주제로 활동하고 있어서 '어떻게 하면 더 많은 사람이 도시에서 적정 비용으로 머물 수 있게 할까.'라는 기준으로 일하거든요. 앞으로 국제적으로 투자자를 유치하거나 또 국제적인 기관과 협력할 때 중요한 우리의 활동 지표니까요.

실제로 국정 과제를 진행하거나 ESG 경영 컨설팅을 할 때도 이 지표의 기준 안에 있는지를 많이 물어봅니다. 표준 같은 약속이니까요. 그래서 그 지표에 따라 '이런 곳, 이런 분야에서 활동합니다.'라고 말하면 우리 기업의 활동 영역을 소개하기 좋고 거기에 성과까지 있으면 더 영향 있는 결과가 나오지요. 그래서 이 지표는 굉장히 중요한 목표를 알려 주는 자료입니다.

그런데 유엔에만 SDGs가 있는 게 아닙니다. 우리나라에도 정부에서 정해 놓은 KSDGs가 있어요. 한국의 상황과 맥락에 맞춰서 기준을 정하고 있고, 실제로 많은 기업이 국정 과제나 국가 관련 사업을 할 때 그 기준에 맞춰 진행하고 있습니다. 스타트업 같은 중소기업은 국가 지원금도 받고 여러 국책 사업에도 참여하는데, 그럴 때 KSDGs에서 정한 지표에 따라 어떻게 활동하고 있고 어떻게 성과를 냈는지를 써서 제출하면 큰 도움이 됩니다. 예를 들어 '포용적이고 안전하면서 회복력 있는 도시', 이런 식으로 표현하는데, 이런 가치 지향적 비즈니스 활동을 국정에서 밀어준다고 할 때 KSDGs를 많이 인용합니다. 실제로 우리가 관련 기관에 자료를 제출하거나 사업을 받을 때 많이 활용하는 영역이에요. 그래서 창업을 염두에 두고 있다면 미리 공부해 두는 게 좋습니다.

두 번째 소개할 의제는 많은 기업에서 적극적으로 차용하는 개념인 ESG입니다. ESG는 환경(environmental), 사회(social), 지배구조(governance) 세 가지 영역에서 기업이 사회에서 얻은 이익을 어떻게 환원하느냐 혹은 기업 자체가 무엇을 추구하는가, 이런 것을 중요한 성과로 보는 지표입니다. 실제로 기업이 대출을 받거나 금융 기관과 협력해야 할 때 사회에 어떻게 기여하고 있는지에 대한 지수와 지표를 토대로 신용 평가도 같은 것을 측정하죠. 그럴 때 ESG 기업과 아닌 기업의 레벨이 달라지기도 하고요. 그래서 웬만큼 크고 자본력 있고 건강하며 사회에 공헌하려는 기업은 다 ESG 목표를 달성하기 위해서 노력합니다. 홈페이지에 자체적으로 '우리 회사는 이런 방식으로 ESG를 실현하려고 합니다.' '우리는 환경에 투자합니다.' '우리는 이렇게 다음 세대들의 교육을 위해서 투자합니다.' 등으로 적어 두기도 합니다. 그러니까 나중에 어떤 기업에 입사하려고 할 때 자기가 추구하는 가치와 맞닿은 기업을 찾는 데 ESG 지표가 중요할 수 있고, 이 개념을 잘 이해해서 자기만의 다양한 포트폴리오를 쌓을 수도 있어요. "저는 이렇게 좋은 학교를 나왔어요."라고 학벌을 강조하는 것도 필요할 수 있지만, "저는 이 회사가 환경에 관심이 많은 회사라서 환경 봉사 활동부터 시작해 여러 가지 환경 관련 활동을 하며 입사를 준비해 왔습니다." 하는 포트폴리오가 앞으로의 기업 채용 구조에서는 더 유리할 거예요.

세 번째는 비콥(B corp: 수익 위주의 기업과 달리 환경과 사회에 미치는 혜택을 목적으로 하는 새로운 기업의 증표)이라는 게 있습니다. 민간에서 자체적으로 만든 인증제입니다. 수많은 기업이 비콥 인증에 대해서 알고, 그 개념을 적용하기 위한 소셜 프로젝트, 즉 상호 의존 선언을 합니다. 해당 기업이 우리 사회에 도움이 되는지, 사회에 기여하고 있는지 등을 측정하는 기준이지요. 180개 정도의 평가 항목에서 80점을 얻어야 인증받을 수 있어요. 우리 회사도 비콥 인증을 받기 위해서 준비하고 있습니다.

민간에서 만든 건데 왜 비콥 인증을 받으려고 할까요? 비콥 인증을 받아서 유지하는 것만으로도 기업의 가치가 달라지기 때문이에요. 물론 '이런 거 받으려고 착한 일 하는 거야?' 하는 반응도 있을 수 있지만, 좋은 가치를 만드는 기업이라고 국제적으로 인증받으면 "아, 비콥이야? 그러면 우리 그룹에 끼워 줄게." 하는 곳이 점점 많아지고 있거든요. 그래서 공부하기 좋은 아이템이고, 많은 기업에서 준비하고 있다고 보면 됩니다. 검색해 보면 우리나라에서 비콥 인증을 받으려는 기업에 관한 기사를 볼 수 있어요.

비콥을 우리나라 방식으로 빌려 온 게 소셜벤처 개념인데요. 예전에는 투자자와 기업가만 사용하는 용어였어요. 요즘은 소셜벤처가 많아지니까 사회적 기업과는 조금 차별화를 두고 있습니다. 그래서 우리나라의 기술 보증 기금이라는 기관에서 소셜벤처를 판별하는 진단표를 공개했고, 자가 진단을 해서 제출하면 소셜벤처 인증을 해 줍니다. 인증받으면 수많은 국정 과제에 소셜벤처 자격으로 신청할 수 있어요. 하나의 공인된 기준을 마련한 거죠.

정리하면, 옛날에는 돈만 많이 벌고 나만 잘나가면 되는 세상이었던 데 반해 요즘은 사회 문제를 해결하는 데 진심을 갖고 활동하는 개인이나 기업을 주목한다고 말할 수 있겠지요. 그냥 인정만 해 주는 게 아니라 실제로 그런 개인과 기업에 투자하기 시작했고, 이들을 인증하는 규칙이 전 세계에 만들어지고 있어요.

새롭게 만들어지는 규칙 중 어떤 규칙을 들어 봤나요? 부모님 세대 때는 당연히 이런 규칙을 모르셨죠. 그때는 없었던, 최근에 등장한 개념이니까요. 저 역시 이 정보로 많은 것을 얻고 있습니다. 좀 더 빨리 알았더라면 회사 설립 때부터 발전 과정까지 많은 부분에서 좋은 기준이 되어 주었을 거예요. 그래서 미래를 준비하려는 여러분에게 도움이 될 지표라고 생각해 간단히 소개했습니다.

하지만 모든 청소년이 다 창업가가 되지는 않아요. 모두가 사회적 기업이나 소셜벤처를 만들 수 없고, 또 모두가 혁신가가 될 필요도 없지요. 어떻게 보면 그냥 전통적인 방식으로 성장하는 것이 좋은 선택일 수 있어요. 그런데 혹시 나에게 혁신과 관련된 DNA가 있을 수 있잖아요? 그러니까 내 안에 혁신과 관련된 열정이 느껴진다면, 이런 길도 있고 저런 방법도 있다는 점을 알고 있는 게 훨씬 도움이 될 거예요. 다양한 기준, 다양한 규칙 속에서 국제적인 리더로 자랄 수 있는 토양이 만들어지니까요. 내가 이미 알고 있는 길만이 전부라고 생각하며 공부하는 건 아닌지 성찰해 본다면 좀 더 의미가 있겠습니다.

앞서 제가 창업을 선택하는 사람들이 그렇게 많지 않다고 했지만, 늘어나는 추세이기도 해요. 우리나라는 현재 많은 스타트업을 육성하고 있고 좋은 아이템과 기술, 여러 가지 서비스를 개발하는 다양한 창업가가 나오고 있는 상황이에요. 그러니 새로운 것을 추구하고 창조적으로 사는 일에 대해서 너무 불안해하지 않으면 좋겠어요. 내가 나답게 살아갈 수 있다면 분명히 멋진 길을 만나면서 한 분야의 영역을 개발하고 변화시키는 인재가 될 수 있을 거로 생각합니다. 그래서 누군가를 위해서 일하는 사람 말고, 자기 스스로가 주인공으로서 자신의 삶을 개척할 수 있기를 바라요. 자기답게 사는 사람들이 우리 시대의 주역이 될 수 있도록, 청소년 친구들의 꿈을, 그 DNA를 새로운 규칙의 커리어 개발과 연결하는 길에 저의 이야기가 조금이나마 힌트가 되기를 바랍니다.

Q&A

Q. 창업 아이템을 먼저 찾고 나서 아이템을 필요로 하는 사람들의 고통을 발견하는 경우가 많은데, 대표님의 경우는 문제를 해결하려다가 그게 계기가 되어 스타트업을 시작했어요. 그 차이를 어떻게 해석하면 좋을지, 왜 그렇게 선택했는지 궁금합니다.

A. 사회 운동이든 사업이든 당사자 문제를 해결할 때 가장 힘이 있지요. 그러니까 저의 문제를 해결하고 또 누군가에게 제가 도움이 되는 것이 즐거워서 도와주다 보니까 역량이 쌓이고, 그러다 보니까 그다음 할 수 있는 것들이 단계적으로 보였던 거예요. 이걸 '린 스타트업(lean startup)'이라고도 표현합니다. 처음부터 엄청나게 큰 비즈니스를 목표로 전략을 세우는 방식 말고 작은 문제, 내 문제를 해결하기 위해서 단계별로 설정해서 해결해 보다가 성공하면 강화하고, 실패하면 다시 초기 프로젝트로 돌아오는 방식을 말합니다. 처음부터 사업을 해야겠다고 생각했던 게 아니라 프로젝트니까 끝나는 시점이 있다고 생각하고 달렸기 때문에 계속 갈 수 있었고, 손실 위험도 적었던 것 같아요. 그리고 저는 사업을 할 때 몇 가지 원칙이 있어요. 그중 하나가 큰 빚을 지지 않는다는 거예요. 우리 회사는 부채가 없습니다. 물론 쉬운 일은 아니고, 또 운 좋게 적정 시점에 투자받았기 때문에 가능한

일이기도 했지만요. 어쨌든 감당할 수 없는 수준의 빚을 진 채로 더 큰 이익을 보겠다고 시작한 게 아니었기 때문에 괜찮았어요. 1,000만 원으로 시작했거든요. 그러니까 잃어도 그냥 '프로젝트 잘 마쳤다.' '의미 있는 포트폴리오를 만들었다.' 할 수 있는 정도의 목표였기 때문에 큰 부담 없었지요. 그러다가 자원이 돌기 시작하면서 규모를 키운 거고요. 한편으로 다른 사람들은 '더 커야 하는 거 아니야?' 혹은 '더 큰 규모로 해야 하는 거 아니야?' 하면서 자극도 주고 '소셜에 집중해야 하는 거 아니야?' 하고 도전하기도 해요. 비즈니스도 잘하고 싶고 소셜도 풀고 싶은 양쪽 욕심이 모두 있거든요. 그중에 뭐가 더 우선이냐, 이러면 소셜이긴 해요. 결국 그게 목표이기 때문에 비즈니스가 필요했던 거지요. 저는 그런 방향으로 생각하고 일하고 있습니다.

Q. 사회생활의 시발점으로 비영리 단체를 고른 이유가 있나요?

A. 처음부터 비영리 단체에 들어가려고 생각했던 건 아니에요. 방송 PD, 기자, 다큐멘터리 감독이라는 직업에 많이 끌렸었어요. 그래서 대학 때 기사 쓰기, 미디어물 만들기, 비주얼 리포트 만들기 등을 많이 학습했어요. 그런데 기자 생활을 하는 선배들의 삶을 보니까 생각하는 것보다 멋있지는 않더라고요. 일단 기자 생활 자체가 제 삶의 방식과 맞지 않다는 생각이 들었고, 내가

갈 길이 아니라는 생각이 들었어요. 그러면서 '그럼 그동안 학습했던 디지털 미디어의 역량을 가장 잘 구현할 수 있는 데는 어딜까?' 생각하게 되었습니다. 그런데 이상하게 일반 기업은 끌리지 않았고, 세상에 좋은 일을 하는 사람들과 동참하고 싶다는 생각이 강했어요. 비영리 쪽으로 간다고 했을 때 부모님은 잘 모르는 영역이라 걱정했지만, 워낙 제가 이 일을 좋아하고 또 앞으로 국제기구까지 가고 싶다고 설득하니까 용인해 준 거죠. 비영리 활동을 통해 포트폴리오를 쌓으면 유엔 같은 국제기구에 갈 수도 있다는 설득이 통했던 것 같아요. 조금 더 근본적으로는 비영리 활동을 하는 다양한 활동가의 지속 가능한 삶, 다시 말해 그들의 경력 개발 같은 데 관심이 많았어요. 그래서 미디어 교육을 비영리 버전으로 발전시키게 되었고요. 저는 누가 시켜서 하는 것보다 제가 만드는 것을 더 좋아해요. 돈이 되든 안 되든 뭔가를 만들어서 아카이브 하는 걸 정말 좋아하고, 또 그게 서구권에서도 많이 하는 포트폴리오 방식의 경험 개발이기 때문에 그런 방법으로 저의 프로젝트를 쌓고 싶었어요. 그래서 비영리 단체에서 일하며 여러 가지 프로젝트를 많이 경험하는 쪽으로 경력을 쌓았어요. 그게 제가 비영리 쪽에서 전문성을 확보하게 된 배경입니다.

Q. 비영리 단체에서 일하려는 청소년들에게 그 경험의 강점과 아쉬운 점을 말해 준다면?

A. 확실히 비영리 쪽에서 일하는 사람들은 우리 사회의 문제와 의제를 설정하는 전문성이 있어요. 그래서 일반적으로 우리 사회에 필요한 리더일 가능성이 크거든요. 그런 부분이 강점이라고 생각합니다. 그런데 아무래도 일반 기업보다는 인프라나 복지 재원, 연봉 등의 조건이 조금 다를 수 있잖아요. 그 차이를 견디는 과정에서 개인이 소모될 수 있는 부분이 있죠. 다행히 최근에 우리 사회에 비영리 활동가를 위한 펀드가 마련되고 있고 좋은 기업도 많이 나오고 있어서 앞으로 극복할 수 있는 문제가 아닐까 기대합니다. 그런데 여기서 한 가지 짚고 넘어갈 부분이 있습니다. 비영리라고 해서 돈을 아예 안 버는 기구가 아니에요. 수익 활동을 할 수 있습니다. 영리와 비영리의 법적인 차이에 대해 말씀드릴게요. 사업은 똑같이 하는데 비영리는 사업 이익을 다시 공동체를 위해서 쓴다는 것이고, 영리는 이익을 주주들에게 돌려준다는 차이입니다. 그러니까 본질적으로 일하는 구조는 같아요. 그래서 비영리에서 일한다고 해서 사업적 부분에서 느슨해도 될 거라고 생각했다면 그 생각을 바꾸길 바랍니다. 일반 기업만큼이나 힘들게 일해서 성과를 내야 한다는 목표를 정한다면 전문적인 기업가가 될 수 있습니다.

Q. 사업가로서 공익적인 일을 할 때 여기서 조금 더 이익을 얻을 수 있을 것 같아 고민되는 지점이 있나요? 그런 적이 있다면 어떻게 문제를 풀 수 있었는지 궁금합니다.

A. 일반적인 부동산 개발에서 보면, 건물을 개발하거나 운영할 때 기대 이익률이라는 게 있어요. 만약 100억짜리 건물을 개발했다, 그러면 연 이득을 5억에서 7억의 임대 소득을 기대하는 그런 방식으로 계산하거든요. 저 같은 소셜 디벨로퍼는 그 기대 이익률이 낮을 뿐이지, 손해를 보는 방식으로 사업하지는 않습니다. 그리고 부동산을 잘 운영하면 여러 가지 가치가 창출됩니다. 따라서 사업적으로 좋은 인재들을 모으기 위해서 좋은 연봉 구조도 만들어야 하거든요. 그러기 위한 방법론에서는 저 역시 양보하지 않습니다. 대신에 우리가 더 많이 가져갈 수 있는 이익률을 낮춤으로써 그 건물을 사용하는 사람들의 사용료를 절감시키는 거죠. 우리 기준으로는 70~80퍼센트 정도 돼요. 그 정도 선을 지킬 수 있으면 유지도 되고 좋은 인재도 모을 수 있으면서, 손해도 보지 않는 모델이라고 할 수 있죠. 그 적정 비용으로 부동산을 개발하는 사람을 소셜 디벨로퍼라고 하는 거고요. 국내에 5~6개 정도의 기업이 있어요. 앤스페이스, 로모, 더함 같은 회사입니다. 정리하면, 완전히 손해를 보거나 월급을 못 가져가거나 이런 구조는 아예 짜지 않는다, 이익이 나는 구조를 세우

되 이익률만 상대적으로 경쟁력 있게 만드는 전략입니다.

Q. 창업 준비를 위해서 무슨 공부를 해야 할까요?

A. 앞서 제가 말한 다섯 가지 지표를 쭉 공부하면서 자신이 끌리는 주제가 있는지 보는 것도 좋을 것 같습니다. 저는 도시 공간 문제에 어렸을 때부터 끌렸거든요. 모두 자기만의 주제가 있을 거예요. 실제로 그 주제를 해결하고 있는 스타트업이 있다면, 그 스타트업을 공부하는 것도 추천하고 싶어요. 그리고 통계에 따르면 만 45살이 가장 창업하기 좋은 나이라고 하더라고요. 사회적 경험도 풍부하고 자기 재원도 있는 시기니까요. 그래서 젊은 친구들에게 하나의 경험으로서 창업을 추천하지만, 먼저 자기 분야에서 어느 정도 경력을 쌓으라고도 권하고 싶습니다. 그다음에 가족을 부양해야 하거나 이런 부담이 없다면, 작은 펀드로 시작해 보면 좋겠다고 생각합니다. 우리나라의 창업 육성 제도가 정말 잘되어 있거든요. 중소 벤처 기업부에 K-스타트업 관련 제도가 있는데 그런 제도들을 통해 많이 시도해 보면 좋을 것 같아요. 일단은 지금 스타트업을 많이 찾아보고 공부하는 걸 추천합니다.

Q. 대표님은 어린 시절부터 자기다움을 지키도록 격려받으면서 성장했는지 아니면 뒤늦게 그런 조건을 만나 잃어버렸던 자기다움을 찾아야 한다고 생각했는지 궁금합니다.

A. 저는 전자에 가까운 사람이긴 한데, '자기다움'이라는 키워드를 의제로 품고 활동한 것은 후자에 가까운 방식이긴 했어요. 어릴 적 교회에서 영향을 많이 받았는데, 교회에 가면 이렇게 말하잖아요. "너는 하나님 앞에서 특별한 존재야." 그런 말을 통해 자기를 소중하게 여기는 훈련을 많이 했던 것 같아요. 제게 있는 재능으로 어떻게 세상에 기여하는 사람으로 성장할지 많이 고민했거든요. 그 시절이 저한테 아주 긍정적인 영향을 주었다고 생각하고 있습니다. 자기답게 산다는 것을 구체적으로 인식한 계기는 네덜란드 여행을 통해서였어요. 네덜란드에 사회 주택 연구를 하러 갔는데, 거기에서 저랑 나이가 똑같은 30대 초반 친구들이 자기 브랜드를 만들어서 창업하고, 자기네 창업 동료들을 소개해 주는 거예요. 그때 저도 똑같은 질문을 했어요. "그렇게 새로운 일에 도전하면 집이랑 먹고사는 일은 어떻게 해결해?" 네덜란드가 재미있는 게, 국가가 토지를 조금씩 소유해서 도시 자체를 아주 계획적으로 운영하더라고요. 그러니까 임대 주택이 다양하고 풍부하게 공급되어서 태어나서 죽을 때까지 걱정할 필요가 없어요. 우리는 내 집 마련하느라고 매우 힘들

게 일하잖아요. 네덜란드 사람들이 하는 집 고민은 그냥 선택적인 고민이에요. 자기가 좋은 집 사려면 열심히 해서 따로 분양받는 거고, 아니면 적정한 선택지 속에서 국가가 공급하고 있는 사회 주택에 들어가면 됩니다. 그래서 내 집 마련, 안정적인 삶, 평생직장을 위해서 목매지 않고 살아도 되지요. 네덜란드 친구들은 3개 국어도 하고 자기 브랜드를 만들어 가며 여유롭게 살아요. 실제로 네덜란드 창업가가 만든 세계적인 브랜드가 많이 있기도 하고요. 그런 걸 보면서 엄청난 통찰을 얻었어요. 부동산이라는 기반 문제가 해결되면 많은 사람이 자기의 가치를 찾고 탐색하는 데 투자하는 삶을 살 수 있겠다고 생각했어요. 따라서 저는 부동산 문제가 국가 경쟁력이라고 여기고 있습니다.

더 알아보기

소셜 임팩트란?

사회를 바꾸며 이익을 만드는 일, 즉 어떤 기업의 활동이 사회적으로 중요한 이슈에 긍정적인 영향을 미친다면 소셜 임팩트^{social impact}라 부른다. 다양한 사회적·환경적 문제를 사업 영역에서 해결하고, 지속 가능성을 위해 노력하는 사업 활동을 가리키는 등 폭넓게 사용된다.

소셜벤처란?

창의적인 아이디어와 혁신적인 기술을 바탕으로 사회적 문제를 해결하고 이를 통해 이윤을 얻는 기업 또는 조직을 소셜벤처^{social venture}라고 말한다. 사회적 문제를 해결하고 사회적 혜택을 제공하는 것을 우선 목적으로 삼는다는 점이 특징이다. 대표적 기업으로 탐스, 공신닷컴, 마리몬드 등을 들 수 있다.

프롭테크란?

프롭테크^{proptech}는 부동산을 뜻하는 'property'와 기술을 뜻하는 'technology'의 합성어다. 부동산 산업에 빅데이터, 인공 지능, 블록체인 등 정보통신^{IT} 기술을 접목한 새로운 형태의 서비스를 의미한다. 단순히 부동산을 중개하는 영역을 벗어나 온라인 임장, 전자 계약, 인공 지능 매물 추천·평가, 빅데이터 기반 자산 관리, 인테리어 서비스, 블록체인 기반 부동산 수익 증권 등 무궁무진하다.

소셜 디벨로퍼란?

이윤 추구를 주목적으로 하는 일반적인 디벨로퍼(부동산 개발업자)와 구분하기 위한 용어다. 소셜 디벨로퍼$^{social\ developer}$는 부동산 개발, 기획, 공간 공유 서비스 같은 것을 통해 안정적이고 지속 가능한 방식의 부동산 개발을 지향하는 사람들을 말한다.

앤스페이스에서 하는 일?

자기다움을 찾아 새로운 도전을 하는 사람들이 머물기 좋은 도시를 만들기 위해 노력한다.

- 스페이스클라우드를 통해 다양한 공간을 공유한다.
- 사회적 부동산 사업의 일환으로 공유 오피스, 제로 웨이스트 숍 등을 시가보다 저렴하게 공유한다.
- 사회적 공간을 잘 운영할 수 있는 로컬 브랜더, 로컬 크리에이터를 교육하고 지원한다.
- 정부나 지방 자치 단체가 소유한 부동산을 잘 활용하도록 돕는다.

3.

공부는
못했지만
신뢰는 제대로
쌓았습니다

열한시,
이동희

#입시만3번 #공부안함 #취업실패
#출장세차 #쏘카 #엑시트 #하우스키핑
#책임감 #관계 #신뢰

이동희가 걸어온 길

아무 생각 없던 10대 시절, 행복하게 놀다 → 전문대 입학 후 자퇴 → 재수 후 4년제 대학교 입학 → 기대와 다른 대학 생활에 실망 후 입대 → 제대 후 원하던 대학에 편입 성공 → 삼성 소프트웨어 멤버십 활동 → 취업 실패 → 첫 번째 창업 → 성공적인 엑시트, 쏘카에 인수 합병 → 3년 경영 → 두 번째 창업 후 지속해서 성장 중!

진로 선택을 앞둔 당신에게

❝목적과 목표는 달라요. '목적'은 실현하고자 하는 일이나 나아가는 방향을 말하는 거고, '목표'는 어떤 목적을 이루기 위해 실질적 대상으로 삼는 것을 말하거든요. 목표로서의 직업이 아니라 가치를 먼저 설정한 뒤에 직업을 선택해야 더 행복합니다.❞

공부는 못했지만
신뢰는 제대로 쌓았습니다

저는 호텔 테크 스타트업 '열한시'의 대표 이동희입니다. 제가 살아온 이야기와 함께 학벌 위주의 삶과 자기 주체적인 삶을 비교해 보는 이야기를 해보려 합니다. 제목에 '공부는 못했지만'이라는 표현을 썼는데요, 저 같은 경우 공부에 관심이 아예 없다가 성인이 된 뒤 나를 찾아가는 시간을 가지면서 현재이 자리까지 오게 되었습니다.

저는 열한시를 운영하며, 숙박업소 객실을 정비하고 점검하는 '하우스키핑(house keeping)'을 호텔에 중개하는 서비스를 합니다. 코로나 팬데믹을 겪으면서 많은 객실 정비자, 즉 하우스키퍼가 일자리를 잃었습니다. 해외 여행자 수가 급격히 감소하면서 여러 호텔에서 하우스키퍼를 내보냈던 것이지요. 이제 시간이 흘러 코로나19가 잠잠해지면서 여행자가 다시 늘어나는 상황입니다. 그래서 호텔에서 다시 하우스키퍼가 필요해졌는데 그들은 이미 다른 곳에 가서 일자리를 잡은 터라 현재 하우스키핑 분야 인력이 상당히 부족한 상태입니다. 하우스키퍼 일 자체가 힘들다 보니 예전으로 되돌리려고 해도 기존에 있는 시장만으로는 문제를 해결할 수가 없는 상황이지요. 저는 그런 시장의 문제를 IT와 결합하는 한편, 최근 채용 구조의 흐름인 긱 이코노미(gig economy: 임시나 단기 계약으로 노동력을 공급하고 대가를 지불하는 경제 형태) 시장에 접근해서 하우스키핑 서비스를 끌어 나가고 있습니다.

우리 회사가 하는 일은, 말하자면 중개 서비스입니다. 하우스키퍼 플랫폼을 통해서 숙박업소에 우리의 하우스키퍼를 임시 근로자 인력 형태로 공급합니다. 2022년에 창업을 했는데 매출 규모를 말씀드리면, 2022년 매출이 27억 정도이고 2023년 6월 기준으로 2022년 매출에 이미 도달한 상태입니다. 2023년 예상 매출액은 대략 70억 정도였고요.

회사를 창업하고 불과 1년 만에 27억이라는 매출을 올린 것을 신기해하는 이들이 있는데요. 제가 창업을 처음 한 건 아닙니다. 열한시를 창업하기 전에 출장 세차 서비스 '차케어'를 창업한 적이 있어요. 2014년에 이미 출장 세차 앱을 통해 자동차 청소 서비스를 해본 이력이 있어서 호텔 객실 청소 서비스 분야에 빠르게 진출할 수 있었지요.

그 서비스를 만드는 과정에 만났던 고객사 중 하나가 '쏘카'였습니다. 그 고객사에서 우리의 IT 노하우를 집중해 주었으면 좋겠다고 제안해서 쏘카 자회사로 3년 정도 운영했던 이력이 있어요. 그래서 2014년부터 현재까지 창업 10년 차에 접어들었습니다. 공부를 그리도 싫어하던 10대 소년이 어떻게 이런 사업가로서의 삶을 살게 되었는지, 지금까지 제가 걸어온 길을 역순으로 설명해 드리겠습니다.

기업형 MBTI로 본 이동희 대표

본격적인 이야기에 앞서 먼저 '클리프턴 스트렝스(Clifton strengths: 강점 진단 검사)'에 관해 말해 보겠습니다. 들어 본 적 있나요? 요즘 유행하는 MBTI의 기업형 버전이라고 생각하면 됩니다. MBTI처럼 제시된 질문에 답하다 보면 어떤 성향을 알게 되는 내용이거든요. 이 검사의 시작은 심리학자 도널드 O. 클리프턴이 '기업에서는 단점보다 강점을 키워야 한다.'라고 말한 데서 비롯되었습니다. 카테고리를 간소화해서 기업에서 필요로 하는 유형을 나눠 놓은 것이지요.

그 자료를 접하고 실제로 팀원들이랑 다 같이 검사해 봤어요. 업무를 해 나가는 데 있어서 이런 내용이 필요하다고 생각했거든요. 내용을 보면 성취감, 행동력, 적응력 등으로 카테고리가 나누어져 있습니다. 처음엔 400여 개였지만 지금은 34개 정도로 축약된 상태라고 해요. 그래서 검사했더니, 저는 34개 중에 다음 5개 영역이 강한 사람이라고 나왔습니다.

'이동희라는 사람은 전략적이고 성취감이 강하고 책임감이 강하며 발상에 능하고 사교성이 강하다'

이 다섯 가지 영역 안에서 제 특징을 설명하면 다음과 같아요. 전략 부분에서 '이 사람은 단기적·장기적 목표를 고려해서 팀의 전략을 수립하는 유형이다.' 성취감 부분에서는 '업무량이 많아도 지치지 않고 목표를 달성하기 위해서 노력하는 사람이다.' 책임감 부분에서는 '업무를 성실하게 수행하고 결과에 대한 책임을 지는 사람이다.'라고 나옵니다. 또 발상 부분에서는 '프로젝트의 새로운 아이디어를 제안해서 창의적으로 촉진하는 사람이다.'라고 되어 있어요. 마지막으로 사교성 부분은 '팀 내적으로 원활하게 관계를 구축해서 다양한 협업을 하는 사람이

다.'라고 나왔습니다. 이게 30대 사업가 이동희라는 사람의 특징이라고 보면 될 것 같습니다.

성적은 꾸준한 노력이 필요합니다

이제 앞서 말한 대로 어린 시절 이야기를 해 볼까요? 10대의 이동희는 어땠는지를 객관적으로 보기 위해 중고등학교 때 생활 기록부를 뽑아 봤어요.

- 학습 과제물을 수행하고 청소를 철저히 하는 책임감 강한 사람
- 급식 담당자로서 친구들이랑 식사 보조를 잘해 준다
- 적극적으로 뭔가를 한다
- 성적은 꾸준히 노력이 필요하다
- 꾸준한 학습 태도를 요망한다
- 교우 관계가 원만하고 생활 습관이 잘 형성되어 있다

지금 제가 청소업을 하고 있는데 14살 이동희도 청소를 열심히 했나 봐요. 그리고 어릴 때부터 친구들이랑 잘 지냈던 것 같습니다. 성적에 대해서는 그런 평가를 받을 만했어요. 중학교

때 성적이 거의 전교 꼴등이었거든요. 공부를 안 했고 못했던 학생이었습니다. 그 외에 '적극적이다.' '즐겨 참여한다.' 등의 표현이 나오는 걸 보면 공부는 안 했지만, 다른 활동에는 꽤 적극적인 학생이었던 것 같네요.

실제로 제 고등학교 시절을 떠올려 보면 미래에 대한 걱정이나 계획이라고는 없는, 말 그대로 천진무구한 학생이었습니다. 제가 고등학생일 때 형이 군대에 갔는데, 어느 날 형이 군복을 입고 온 모습을 보고도 '저 사람이 왜 군복을 입고 왔지?' 생각할 정도였어요. 군대에 대한 개념도 없을 정도로 정말 아무 생각이 없었지요. 제가 학교 다니던 시절에는 토요일에도 학교에 갔는데, 주말마다 수업이 끝나면 친구들과 축구를 했어요. 비가 오나 눈이 오나 친구들이랑 운동장에서 축구공을 찼는데 그게 너무 재미있어서 그 재미로 학교에 다녔던 기억이 납니다. 그러다 보니 성적은 형편없었지요.

신기한 건 부모님께 구박받았을 법도 한데 그렇진 않았어요. 성적표를 가져가도 잠깐 한숨만 쉬고는 별로 잔소리가 없었지요. 아무튼 고등학교 시절의 저는 그냥 잠이 많고 친구들이랑 노는 것만 좋아하는 해맑은 친구였습니다.

돌아보면 19살 때까지는 다들 비슷한 모습이었던 것 같아요.

열심히 하는 친구도 있고 놀기 좋아하는 친구도 있었지만 학교 성적표만 다를 뿐이지 사는 모습은 대체로 비슷비슷했지요. 물론 그 시절에도 뚜렷한 목표를 품고 정말 열심히 공부하는 친구들이 있었겠지만, 제 옆에 있는 친구들도 대부분 똑같은 삶을 살고 있으니까 절실함도 없었고 큰 차이를 못 느꼈던 것 같습니다.

달라짐을 체감하다

그런데 20살이 되면서부터 우리가 서서히 달라진다는 걸 체감하기 시작했어요. 같이 어울리던 친구 중에 누구는 육군사관학교에 갔고, 누구는 경기대학교에, 또 누구는 국민대학교에 갔어요. 이렇게 다 자기 자리, 자기 색깔을 찾아 어디론가 가는데 나만 혼자 덩그러니 남겨져 있는 느낌이었습니다. 절실하고 간절한 마음이 뭔지 처음으로 알게 된 것이지요.

어느 정도 차이는 있어도 고등학교 졸업 때까지는 모두 같은 교복을 입듯이 대부분 같은 속도로 달려가지요. 그런데 고등학교를 졸업하고 나면 상황이 달라집니다. 교복을 입을 때는 비슷해 보이다가 자기 취향이 드러난 옷을 입기 시작하면서 개개인의 차이가 도드라져 보이듯이 자기만의 색깔을 띠기 시작하는 시기라고 할까요? 그 색깔이라는 게 어떻게 보면 진로라는 생각도 듭니다. 대학교에 가는 친구도 있고 일찍 취업하는 친구도 있고, 간혹 창업하는 친구도 있어서 다들 자기 색깔을 찾아가는데 저는 그걸 너무 늦게 깨달았어요.

이런저런 고민 끝에 저도 한 전문 대학에 입학했습니다. 그런데 들어가 보니 이건 아니라는 생각이 들었습니다. 그래서 바로 자퇴하고 재수해서 4년제 대학교 전기 공학과에 다시 입학했어요. 만약 공부가 아닌 다른 길이 있다는 걸 알았다면 아마 대학에 가지 않고 다른 방향으로 진로를 찾아갔을 거예요. 당시 제가 유일하게 선택할 수 있는 길은 대입밖에 없었어요. 결국 대학에 갔는데 또 적응하지 못하고 6개월 만에 바로 군대에 갔습니다.

군대에 있을 때 부쩍 생각이 많아졌지요. 어떻게 살아야 하나 하는 고민이었어요. 대학에 다닐 거라면 이왕이면 더 나은 대학에 가야겠다는 생각이 들었습니다. 그래서 제대 후 편입을 준비해 서울 소재 대학교로 학적을 옮겼어요. 그런데 여전히 만족스럽지 않았어요. 나름대로 열심히 준비해서 들어간 터라 합격 통보를 받았을 때까지는 기분이 좋았는데, 막상 편입하고 나니 그저 그런 기분이었어요. 그래서 결국 또다시 휴학을 선택했습니다.

휴학하고 1년 정도 컴퓨터 공부를 했는데, 이때 삼성전자의 대학생 대상 운영 프로그램인 삼성 소프트웨어 멤버십에 지원해 합격했습니다. 소프트웨어 분야라 컴퓨터 프로그래밍 실력이 뛰어나야 합니다만 제 경우에는 프로그래밍보다 발표를 잘한 게 강점으로 작용했던 것 같아요. 그래서 운이 좋다고 생각하며 한동안 자신감에 취했죠. 그런데 그 운이 계속 따라오진 않더라고요(웃음). 처음에는 '내가 도전할 때마다 다 되네?' 하면서 성취감이 높은 상태였지요. 당연히 졸업 후에는 삼성전자에 취업할 거로 생각했고요. 하지만 막상 삼성전자 특채에 불합격합니다. 이 일로 절망하며 행복감도 많이 떨어졌어요.

터닝 포인트가 된 실패, 창업을 결심하다

20대의 저를 돌아보면 정말 눈앞의 목표에만 집중했던 것 같습니다. 좋은 대학, 좋은 동아리, 좋은 회사 같은 목표를 설정하고 달리다 막상 그걸 이루고 나면 공허한 느낌에 사로잡히곤 했지요. 그런데 저는 30대부터 달라지기 시작했습니다. 목표가 아니라 방향에 집중하기 시작했거든요.

부연 설명을 해볼게요. 20대 후반 저는 삼성전자 취업을 목표로 삼고 있었어요. 그래서 특채에 떨어지면서 엄청나게 좌절했던 거죠. 부모님도 많이 실망했고 저 자신도 극도로 절망했습니다. 하지만 슬럼프가 오래가진 않았어요.

'최고의 기업에 못 들어간다면 최고의 기업을 만들자.'

이렇게 방향 전환을 했거든요.

결과적으로 터닝 포인트가 된 겁니다. 원하던 회사에 불합격했다는 위기를 기회로 바꾸기로 한 거예요. 삼성전자 채용에 실패한 게 오히려 기회가 된 거죠. 그걸 전환점으로 제 모든 행동과 생각이 다 바뀌었습니다. 그렇게 되니까 '이 목적을 이루려면 내가 뭘 해야 하지?' 생각하게 되고, 그 생각이 자연스럽게 창업으로 연결되었고, 이제는 '최고의 기업이 되려면 내가 뭘 해야 하지?' 이런 식으로 생각하게 된 거죠. 그런데 최고의 기업이라는 건 사실 구체적인 대상이 아니고, 가치를 통해 만들어 나가야 하는 거예요.

이렇게 생각을 전환하는 게 쉽지 않은 일일 수도 있습니다. 절망을 누르고 긍정적인 에너지로 덮어 버리는 거니까요. 하지만 창업을 결심한 덕분에 계속 다른 생각을 할 수 있었습니다.

그때는 배달 앱이 막 뜨기 시작한 상황이었어요. 그래서 그 앱이랑 똑같이 만들어 출장 세차를 하면 서비스가 잘되지 않을까 생각하면서 희망 내지는 착각으로 채워 나갔지요. '이거 다 만들면 대박이야.' 이러면서 창업을 준비했는데 재밌더라고요. 그러면서 삼성전자 특채에 떨어진 건 다 잊었고, 어머니 아버지와 이야기한 뒤에 바로 다음 날부터 집 밖으로 나가서 친구들을 찾으러 돌아다니고 그랬던 것 같아요.

지금도 저는 기업 경영을 하면서도 위기를 더 즐기는 편이에요. 위기가 오면 생각을 빠르게 전환할 수 있거든요. 이쪽에 무언가 있을 거로 생각해서 했는데, 안 되면 바꿔야 하니까요. '아, 이게 아닌가?' 하면서 180도로 뒤집어 보기도 하고요. 그전에는 무언가 이루는 데만 급급해서 이루고 나면 잠깐 성취감을 느꼈다가 마음이 금세 식곤 했는데, 이제는 목표보다 그다음 과정이 더 중요하게 다가오기 시작했어요.

제가 창업하면서 세운 두 가지 원칙이 있습니다. 그중 하나가 '돈으로부터 자유로워지는 삶을 살겠다.'라는 다짐이었어요. 돈에서 자유로워지려면 돈을 버는 것 외에 다른 무언가가 더 필요합니다. 그것을 찾기로 했습니다. 내가 정말 하고 싶은 일은 뭔지 찾기 시작한 것이지요. 마침내 원하는 일을 찾아 그 일에 집중하다 보니 삶에 대한 만족도가 저절로 높아지더군요.

29살 때 첫 창업을 했는데 그때는 별로 수익이 높지 않았어요. 그런데도 정말 원하는 일을 하고 있으니까 별로 불안하지도 않고 재미있었습니다. 재정이 넉넉하지 않아 투자도 받고 대출도 받아야 했지만 초조하거나 힘들지 않았습니다.

특히 큰 힘이 되었던 건 친구들이 모두 저를 믿고 도움을 주었다는 사실입니다. 어떤 친구는 2,000만 원, 또 어떤 친구는 5,000만 원, 이런 식으로 다들 저를 믿고 빌려주었어요. 나중에 친구들에게 물어봤습니다. "뭘 믿고 그렇게 큰돈을 선뜻 빌려줬냐?" 그랬더니 친구들이 "너는 갚을 것 같았어. 뭘 해서라도 갚았을 거야."라고 말하더군요. 그런 친구들의 마음이 고마웠던 건 당연하지만, 그 말을 들으며 생활 기록부에 담긴 제 모습을 다시 한번 떠올리게 되었습니다. 만약 그때 친구들이 저를 믿고 돈을 빌려주지 않았다면 아마 30대 초반에 사업을 접었을 것입니다. 그랬다면 제가 그리던 꿈도 무너졌겠지요.

신뢰를 주는 사람

앞서 말했듯 저는 창업을 두 번 했습니다. 원래 두 번째 창업이 더 힘들어요. 첫 번째 창업을 통해 사업이 얼마나 힘든지를 알게 되었기 때문에 더 그렇습니다. 하지만 저는 두 번째 창업도 쉽게 시작한 편이에요. 왜냐하면 제 주위에 친구들, 사람들이 많았기 때문입니다. 두 번째로 창업할 때도 첫 번째 창업에 함께했던 동료들이 다 같이 나와 줘서 공동 창업을 했어요. 쏘카와 차케어에 있던 친구들이 다 저를 믿고 따라서 나온 거예요.

사업은 혼자서 할 수 없어요. 경영자가 다 하는 게 아니라 개발자도 있어야 하고 하우스키핑 같은 경우는 특히 맨땅에 헤딩하면서 클리닝 작업을 직접 해야 하거든요. 그래서 반드시 동료가 있어야 합니다. 첫 번째 창업에서 두 번째 창업으로 갈 때는 쏘카에 남을 수도 있었고 더 좋은 직장이라고 하는 기업이 있을 수도 있었는데 모두 저를 따라와 줬어요. 열한시라는 회사가 그 당시 매출도 0이고 정말 아무것도 없는 상태였잖아요. 그런데도 그냥 저를 믿고 따라와 줬다는 게 너무도 고마웠어요. 창업 초기에 일이 많지 않으니까 우리끼리 그냥 재밌게 논다고 표현하면서 일했는데, 지금도 회사에 가서 논다고 표현할 때가 있어요. 우리 회사는 퇴사율이 아주 낮은 편인데, 회사에서 동료들이랑 재밌게 놀고 재밌게 아이디어를 내면서 일하거든요. 물론 스트레스를 받는 일도 있지만 대체로 즐겁게 일하는 편이에요. 제가 초중고 때 친구들이랑 잘 어울렸다고 말했는데 그런

게 기반이 되어 지금까지 이어진 것 같습니다.

첫 번째 창업 때도 친구들 몇몇이 같이 회사를 만들었거든요. 어느 날 갑자기 저 혼자 차케어를 만든 게 아니라는 이야기죠. 그중에는 직장에 다니는 친구들도 있어서 투잡(two job) 형식으로 함께했어요. 그 친구들과 서비스를 6개월, 7개월 정도 만들다가 다시 직장으로 돌아간 친구도 있고 끝까지 남은 친구도 있었고요. 그런데 투잡을 하든 잠깐 나와서 하든 서로에 대한 믿음이 없으면 못 하잖아요. 중고등학교 때부터 친구들과 좋은 관계를 유지했던 게 중요한 자산이 되었습니다. 저는 친구들과 대화할 때 항상 밝게 말하고 사교성 있게 지내는 편이에요. 하지만 진지할 때는 또 진지하게 이야기하거든요. 동료들이 나와서 같이해 주는 게 그런 이유가 아닌가 생각해요. 지금도 저와 일했던 사람들은 함께 일하자고 말하면 대부분이 "이동희 대표님 믿고 한번 해볼게요." 하면서 옵니다. 우리 회사는 지금까지 채용 공고를 올린 적이 한 번도 없습니다. 데리고 올 사람이 아직 많거든요. 그래서 저도 그들에게 계속 신뢰를 주려고 노력했던 것 같아요.

또한 제가 친구들한테 말한 부분에 대해서는 그것을 지키려고 하는 의지가 엄청 강한 편이거든요. 그 마음과 의지를 친구들이나 동료들도 알아주는 것 같습니다.

지혜, 메타 인지를 기르는 법

우리는 대학에 왜 갈까요? 저 같은 경우에는 대학에서 전자 공학을 공부했지만, 양자 역학의 이웅도 모릅니다. 어떻게 보면 대학의 본래 목적에 맞는 공부를 하지 않은 거지요. "대학 때 전공을 살려서 일하고 있나요?" 하고 물으면 열에 일고여덟은 전공을 살리지 않고 취직했다고 답합니다. 대학 진학을 목표로 공부하고 대학에 입학하긴 했지만, 그 뒤의 목적이 대학 공부가 아니었던 거죠.

그러면 왜 우리는 좋은 대학에 가야 한다고 말할까요? 제가 생각했을 때는 그저 좋은 친구를 만날 수 있는 확률이 조금 더 높아서가 아닐까 싶어요. 사람을 두고 등급을 나누는 게 잘못된 일이긴 하지만, 그런 현상을 이해하는 시선으로 들여다보면 어떤 일에 몰입했던 경험이 있는 삶을 살았던 사람들과 대학에서 만날 확률이 조금 더 높거든요.

어렸을 때는 지식이 중요하다는 말보다는 지혜롭게 살라는 말을 더 많이 들었습니다. 그런데 자라면서 시험 성적이 중요해지기 시작하면 지식이 더 중요해지는 상황이 찾아옵니다. 일반적으로 지혜는 다른 영역의 단서를 응용하는 능력을 말합니다. 지식과 달리 책이나 다른 누군가에게 배우는 게 아니라 마치 습관처럼 삶을 살아가며 자연스럽게 체득되는 것이지요. 물론 살아가는 데는 지식도 지혜도 모두 필요합니다.

문제는 20대가 넘어가고 사회에 나가면 대부분은 더 이상 지식으로만 살지 않는다는 사실입니다. 지혜가 필요한 상황이 더 많습니다. 단편적인 예가 될 수도 있지만, 미적분 모른다고 해서 못사는 게 아니거든요. 그런 지식을 전혀 몰라도 지혜가 있으면 살 수 있습니다. 따라서 어떻게 해야 지혜롭게 사는지를 배워야 합니다. 물론 지식도 필요합니다. 사회가 복잡해질수록 지식을 습득하는 공부가 필요합니다. 하지만 거기에 그칠 것이 아니라 제대로 응용할 줄 알아야 한다는 것이지요.

지혜롭게 사는 것을 요즘 식으로 표현하면 메타 인지 능력이 뛰어나다고도 할 수 있습니다. 메타 인지는 간단하게 말해 자신을 객관적으로 바라볼 수 있는 능력입니다. 인간이 자신을 스스로 성찰할 수 있는 능력으로, 자신의 인지 활동에 대한 지식과 조절 능력이라고도 할 수 있어요. 실제로 미국 실리콘밸리에서는 면접을 볼 때 학벌이나 스펙보다 그 사람의 메타 인지가 얼마나 향상되어 있는가로 평가하는 경우가 많다고 해요.

만약 어떤 것에 관해 아는 것 같은데 설명하기 어려운 상태라면 그건 메타 인지가 아닙니다. 하지만 안다는 느낌도 있고 설명도 가능한 지식이 있다면 메타 인지라고 할 수 있겠지요. 어떤 맥락에서는 메타 인지라는 게 설명을 할 줄 아느냐 못하느냐로 구분할 수 있어요. 왜 메타 인지 이야기를 하느냐고요? 어릴 때부터 메타 인지를 향상하는 일을 많이 하는 게 좋다는 생각이 들어서입니다. 메타 인지가 높은 사람이 공부도 잘하고 사업도 잘한다고 하니까요.

저 같은 경우에는 어릴 때 아버지와 대화를 많이 했습니다. 지금도 집에 가면 아내에게 오늘 있었던 일을 수다스럽게 이야기하곤 합니다. 아버지와 아내는 제 업무 영역을 잘 모르는 사람들입니다. 그런데 모르는 사람한테 이야기해야 하니 가능하면 쉽게 설명하며 말하게 되겠지요. 그러다 보니 말하는 사이에 메타 인지가 향상될 수밖에 없습니다. 결국 얼마나 잘 설명할 수 있는가가 메타 인지를 점검할 수 있는 척도 같습니다.

실제로 공부를 잘하는 아이 중에는 메타 인지가 높은 아이들이 많다고 합니다. 자기가 아는 영역과 모르는 영역을 스스로 나눌 수 있고, 모르는 영역의 우선순위를 높여서 공부하는 방식 자체가 어떻게 보면 메타 인지가 얼마나 강한지를 점검하면서 실천하는 방법이니까요.

학교 공부로만 메타 인지 능력을 키울 수 있는 것은 아닙니다. 앞서 말했듯이 저는 10대 때 공부에는 전혀 관심이 없었습니다. 그렇지만 공부 외에 다른 영역에 관심이 많았고, 그걸 설명할 수 있는 대화 상대가 있었기 때문에 메타 인지 능력을 기를 수 있었어요. 단순히 친구들과 어떻게 놀았는지를 설명한다고 해도 그 세계를 모르는 아버지에게 제대로 전달하려면 설명을 잘해야 하니까요.

사업을 하면서 IT 기업을 운영하는 사람들이나 그 분야의 창업가들을 만날 때가 많습니다. 대부분 설명을 아주 잘합니다. 사람들이 잘 모르는 분야를 알아듣게 설명해 줘야 하는데 그걸 머릿속에서 조직해서 쉽게 전달하는 것이 메타 인지 능력이 뛰어나다는 방증인 셈이지요. 또 설명을 자주 하거나 청중을 대상으로 강연하는 사람들은 메타 인지가 계속 좋아질 수밖에 없습니다. 무언가를 말하고 설명할 기회가 많기도 하고 그게 또 하나의 연습 과정이 되어 실력이 점점 늘게 되니 좋은 의미의 순환이 이루어진다고 할 수 있지요.

메타 인지는 지혜와 마찬가지로 누군가가 일방적으로 가르쳐 준다고 되는 것은 아닙니다. 생활 속에서 혹은 삶의 방식 속에서 자연스럽게 익히게 되는 것이지요. 그래서 부모님, 선생님, 친구들과 열심히 대화하길 권합니다.

목적과 목표는 달라요

최근 들어서 단어의 정확한 의미에 대해 관심이 커졌습니다. 보통 목적과 목표는 비슷한 의미라고 생각해서 함께 쓰는 경우가 많아요. 하지만 자세히 들여다보면 의미가 다릅니다.

- 목적: 실현하려고 하는 일이나 나아가는 방향
- 목표: 어떤 목적을 이루려고 지향하는 실제적 대상으로 삼음, 또는 그 대상

앞서 했던 이야기를 예로 들면, 제가 10대와 20대 때 가졌던 꿈이 목표이고, 30대 때의 꿈은 목적이라고 하는 게 맞겠지요.

중고등학생 혹은 초등학생한테 장래 희망을 물어보면 대부분 직업을 이야기합니다. '의사가 되고 싶어요.' 혹은 '유튜버가 되고 싶어요.' '대통령이 되고 싶어요.' 어떤 의사가 되고 싶은지, 의사가 되어서 어떤 삶을 살고 싶은지를 이야기하는 친구들은 거의 없어요.

목표, 그러니까 하나의 대상을 꿈으로 설정했을 때의 가장 큰 부작용은 그다음이 없다는 점입니다. 꿈이 의사라고 했을 때, 의사가 되고 싶어서 된 것까지는 좋은데 그다음이 없으니까 의사가 되고 나면 혼돈에 빠지기 쉽습니다. 가치관에 따른 방향이 있어야 그다음 과정을 준비하고 대응할 수 있는데 그게 없으니까 여러 문제가 일어납니다. 이런 친구들이 진짜 바라는 건 대부분 의사가 되는 게 아니라 '돈을 많이 번다.'라는 목적으로 귀결됩니다. 의술이 아닌 돈에 방점이 찍힌 것입니다. 사람을 구하는 직업인데 본질에 대한 성찰이 없으니, 돈만 버는 사람이 되고 마는 거지요. 그런 경우, 설령 의사가 되더라도 행복도가 낮은 사람이 많다고 합니다. '이렇게 열심히 일하고 죽을 듯이 그 많은 의학 서적을 공부해서 의사가 되었는데 왜 나는 행복하지 않지?' 하고 생각하는 의사 대부분은 자신이 왜 그 일을 선택했는지를 잊었거나 잘못된 판단으로 직업을 선택한 경우라고 생각합니다.

　하지만 '목적 있는 삶을 살아라.' 이렇게만 이야기하는 것 역시 추상적이죠? 그래서 목적을 구체화하는 법을 알려 드리려고 해요. 만약 어려운 사람을 돕는 게 목표라면, 무엇을 얼마만큼 해야 어려운 사람을 돕는 건지 수치로 접근해야 합니다. 예

를 들어 '난방이 어려운 쪽방촌 사람들을 돕기 위해 연탄 3,000
장이 필요하다.' 이런 식으로 접근하면 분명한 목표가 생기고,
그걸 해냈을 때 성취감이나 만족도도 올라갈 겁니다. 어려운 사
람을 돕는 일만이 아니라 내가 어떤 목적을 가지고 있다면 이런
식으로 연습해 봐야 합니다.

OKR(Objective Key Result: 목표 설정 성과 관리 기법) 경영론이 있습
니다. 실리콘밸리나 다수의 IT 기업에서는 대부분 이 OKR 방
식으로 일하고 있지요. OKR은 구체적이고 측정할 수 있는 행
동을 통해 특정 목표를 성취하는 방법에 대해 정의한 것으로,
목표를 세우고 원칙에 따라 핵심 결과를 도출해 내는 방식을
말하지요. 만약 어려운 사람을 돕는 삶이라는 분명한 목적이 있
다면, 그에 따른 구체적인 목표를 정해 실천해 보거나 그걸 실
천할 수 있는 직업을 선택할 수 있습니다. 그 목적과 관련해 어
떤 일을 하다 보면 상황에 따라 사회복지사가 될 수도 있고 사
회복지 사업가가 될 수도 있으니까요. 청소년들에게 강조하고
싶은 이야기도 이런 지점입니다. 목표로서의 직업이 아니라 가
치를 먼저 설정한 뒤에 직업을 선택해야 더 행복하다는 사실을
기억하세요.

Q&A

Q. 기업가로서 중요한 자신의 능력을 책임감, 사교성, 전략, 발상, 성취라고 했습니다. 책임감과 사교성은 어릴 적부터 있던 특징이라고 한다면 전략과 발상과 성취는 어떻게 개발했나요?

A. 저는 호기심이 많았습니다. 공부 아닌 다른 일에 관심이 많았던 것 같아요. 예를 들면 고등학교 때 댄스 동아리를 만들었는데, 그 학교에서 처음으로 만든 거였어요. 동아리를 만들려면 여러 가지 과정을 거쳐야 합니다. 그걸 하기 위해 선생님도 찾아다니고, 동아리에 들어올 사람을 모집하기 위해 친구들과 교류도 많이 하고, 또 동아리 설립에 필요한 조건을 갖추기 위해 정보를 수집하는 등 나름 바쁘게 뛰어다녔어요. 원하는 게 있으면 가만히 있지 않고 머릿속으로 계속 생각하고 행동으로 옮기는 편이었습니다. 또, 제가 아버지와 많은 대화를 나눴다고 말씀드렸는데요, 아버지는 제가 어릴 때부터 계속 리포트 같은 걸 쓰게 했어요. 예를 들어 방학이 되면 방학을 잘 보낼 수 있는 계획서를 갖고 오라는 식이었지요. 계획서를 써도 그대로 지키지는 않았는데 그래도 어떻게든 만들어서 제출해야 했습니다. 그 밖에도 방학 숙제는 언제까지 할 건지 그런 것을 계속 아버지가 요구했고 숙제 검사도 직접 했어요. 공부하라는 잔소리는 없었지만, 그

런 부분에서는 꽤 엄격했지요. 그때 아버지가 요구하는 대로 리포트를 썼던 행동이 어떤 성향을 키워 준 게 아닐까 짐작합니다.

Q. 이야기를 듣다 보면 아버지가 믿어 준 게 느껴집니다. 이유가 있을까요?

A. 저는 지금도 이런저런 일에 대해 아버지에게 설명을 잘해 드리는 편이에요. 아직도 아버지와 대화가 잘되거든요. 어머니가 "너는 사춘기가 없었다."라고 말씀한 적이 있는데 그걸 보면 큰 문제가 없었던 것 같아요. 공부를 못해도 늘 다른 주제로 어머니, 아버지와 이야기를 많이 했고요. 부모님도 대화를 통해 제가 어떤 성향인지 충분히 파악했던 것 같습니다.

Q. 아버지와 주로 어떤 대화를 했나요?

A. 사실 아버지가 대화를 즐기는 편은 아니었어요. 저도 아버지가 부르면 거부하며 싫어할 때가 많았고요. 그런데도 대화를 많이 할 수 있었던 이유는 중고등학교 때 목욕탕에 같이 다닌 게 컸습니다. 아버지가 새벽 6시에 깨워서 데리고 갈 때는 정말 싫었는데 그래도 갈 수밖에 없잖아요. 목욕탕에 가면 사우나를 하곤 했는데, 거기 한번 들어가면 짧게는 1분에서 길게는 5분까지 있

었던 것 같아요. 그러다 보니까 대화할 수밖에 없었던 거죠. 노는 걸 좋아했으니까 그런 이야기도 하고, 또 성적 이야기가 나와도 분위기가 좋으니까 그럭저럭 넘어갔던 것 같습니다.

Q. 일반적으로 한국 사회에서는 공부를 못하면 주위에서 뭐라고 하지 않아도 스스로 스트레스를 많이 받잖아요. 스트레스를 전혀 받지 않고 친구들과도 잘 지내고 학교생활을 즐길 수 있던 비결은 무엇인가요?

A. 다른 사람과 비교를 잘 안 해요. 저는 30살 무렵에 창업했고, 그때 직장에 다니는 친구들이 많았는데요. 30대가 되면 사실 돈이 성적표거든요. 친구들은 괜찮은 연봉을 받는데, 저는 그런 게 없잖아요. 돈을 못 벌면 그걸로 큰 스트레스를 받아요. 하지만 저 같은 경우는 하고 싶은 일을 하고 있다는 사실에 만족했기 때문에 연봉도 없고 수입이 많지 않았는데도 스트레스를 그다지 받지 않았어요.

Q. 원래 공학도라고 했는데 인문학 쪽으로도 많이 공부하는 것 같아요. 평소에 어떤 방법으로 공부하는지 궁금합니다.

A. 회사가 성장하다 보면 자연스럽게 위기감이 와요. '이대로 성장

하면 안 될 것 같은데.' 하고요. 의사 결정도 잘 안 되고 조직과 개인 구성원의 목표가 일치하지 않는 게 느껴지는 순간이 있습니다. 그래서 동료 창업가들을 만나 이야기를 듣다 보니 생경한 용어가 많더라고요. '우리는 OKR 경영을 하고 있어.' 같은 식으로 말하는 거죠. 그렇게 서로 고충을 털어놓는 자리에서 새로운 정보 습득을 하게 됐고, 그걸 어떻게 적용해야 하는지 공부하기 시작한 거죠. 전공 서적은 아니고 최근 경향에 맞는 책을 이것저것 찾아서 읽었습니다. 예를 들어서 OKR 기본서를 먼저 읽었다면, 다음에는 OKR을 어떻게 도입하는가에 관한 서적을 4~5권 정도 읽어 가면서 우리 회사에 적용되는 방식을 찾았던 것 같아요. 그런데 책 속에 나와 있는 이론 방식을 경영까지 가져가기는 참 어려워요. 우리 회사에 맞게 적용하려면 솔직히 말해 다 뜯어고쳐야 하거든요. 지금까지 했던 방식을 전부 뒤엎고 다시 시작해야 하니까 구성원들을 설득하는 과정도 필요하고요. 결국 6개월에 걸쳐서 팀원들을 설득해 시스템을 바꿨어요. 그리고 책에는 나와 있지 않은 인사 평가 부문도 자연스럽게 연결해 현재의 시스템을 완성했습니다. 인사 평가에 관한 통찰은 해외 사이트를 많이 참고했어요. 페이스북(현재의 메타)이나 인스타그램은 어떻게 연봉을 주는지 궁금해서 찾아보기도 했고, 여러 사이트를 참고해서 트렌드를 파악했지요. 그런 다음 쓸 만한 정보를 수집해서 설계하고, 그걸 시도해 보면서 우리 회사 서비스에 맞게 계속 발전시켜 나가고 있습니다.

Q. 창업 초반에는 자금 조달이 조금 어려웠던 것 같은데 계속 창업을 시도할 수 있었던 가장 큰 원동력이 무엇일까요?

A. 어려운데 이렇게 계속할 수 있었던 힘은 실행력이었다고 생각합니다. 저는 어떤 일을 할 때 작은 가설을 먼저 세워요. 그걸 실행에 옮겼을 때 예상 적중률이 몇 퍼센트냐에 따라서 자신감이라는 게 생기거든요. 최근의 사례를 가져오면, 호텔 개발 운영 기업인 '온다매지니먼트'의 숙박업체 한 지점과 클리닝 계약을 했는데, 제가 가서 직접 클리닝을 했어요. 그렇게 직접 움직이면서 시장의 문제를 제가 먼저 진단해 보고, 어떻게 기업을 만족시킬지에 대한 가설을 세우는 거죠. 처음에 갔을 때 총지배인이 만족하느냐 아니냐에 따라서 온다매니지먼트가 다른 호텔들을 소개해 주느냐 아니냐가 결정되고, 또 그게 저한테는 성과잖아요. 실제로 그렇게 한 달여 과정을 가지면서 다른 지점도 해 달라고 요청했는데 이렇게 되면 자신감이 생기는 거죠. 그 뒤에 제가 또 갔는데 호텔 잔디가 너무 정리가 안 되어 있길래 잔디 사이에 난 풀을 뽑았어요. 사실 그 부분은 호텔 지배인의 영역인데 호텔에 인원이 없다 보니 관리가 안 되고 있던 상황이거든요. 그런 상황이 보이길래 한 작은 행동이지만 그걸 통해 좋은 결과가 이

루어지기도 하고, 또 이렇게 작은 성과를 하나씩 이루어 가면 돈이 없어도 자신감이 생깁니다. 사실 처음 창업했을 때도 매달 친구들한테 돈을 빌렸다가 갚는 과정을 반복했어요. 처음에는 갚을 생각에 겁도 많이 났어요. 그래서 이번 달 매출이 7,500만 원이면 '다음 달은 8,500만 원으로 끌어올리자.' 하면서 엄청나게 노력했거든요. 아무것도 안 하면서 돈을 빌린 게 아니라 작은 시도를 끊임없이 하면서 노력하다 보니 매출도 늘고 자신감도 생기더라고요. 지금도 저는 계속 작은 가설들을 세우고 실험해 보는 중입니다. 거듭 말하지만, 무언가를 시도했을 때 예상 적중률이 얼마나 되는지, 인사이트가 얼마나 적중하는지 관찰하다 보면 자신감은 저절로 따라오는 것 같습니다.

Q. 목적이 있는 삶을 살아야 한다고 강조했는데, 지금 대표님에게는 어떤 목적이 있는지 궁금합니다.

A. 개인적인 가치에 관한 부분을 말씀드리면 저는 아직까지 돈이 다가 아니라고 생각해요. 어떤 의미에서는 제 목적을 이루기도 한 것이 이미 돈으로부터 자유로운 삶을 살고 있다고 생각하거든요. 친구들을 만나면 제가 친구들한테 밥을 많이 샀는데요. 돈이 많지는 않았지만, 친구들이랑 먹고 싶은 밥을 같이 먹을 수 있는 경제력만 있어도 돈으로부터 자유롭게 산다고 항상 생각

했던 것 같아요. 좋은 차, 좋은 집을 갖는 게 기준이 아니고 내가 함께하고 싶은 사람과 뭔가를 해 보고 싶을 때 돈의 제약을 안 받는 게 더 돈으로부터 자유로운 삶 아닐까요? 그래서 저는 이미 이루었다고 생각하고 있고, 먼 미래보다는 지금을 생각하며 살고 있어요. 지금, 오늘 행복해야 한다는 말을 자주 하는 편이에요. 팀원들한테도 늘 그렇게 말하고요. 우리 팀원들은 해외여행을 자주 가요. 여행을 가야 재충전이 되는데 회사에서 제약이 많으면 현실적으로 어렵잖아요. 그런데 대표인 제가 그런 마인드니까 저는 물론이고 팀원들도 자유롭게 휴가를 사용해서 갈 수 있도록 하고 있어요. 작은 목표들을 세우고 성과를 올리는 것을 전제로 자유로운 분위기가 있다 보니까 다들 저와 같은 방식으로 가고 있는 것 같습니다.

Q. 세차에서 호텔 클리닝 사업으로 전환한다는 게 쉬운 건 아니잖아요. 물론 같은 클리닝 계열이니까 상대적으로 쉽다고 생각할 수도 있지만 상당한 고민이 있어야 그런 시장을 발견할 수 있을 텐데요. 어떻게 창업 아이템을 발견했나요?

A. 제가 쏘카와 계약할 때 3년 동안 경영을 하기로 하고 들어갔거든요. 그렇게 쏘카에서 일한 지 2년 6개월쯤 되니까 조금씩 스카우트 제의가 오더라고요. 현재 우리 고객사인 '핸디즈'도 그중

하나였는데, 저한테 이런 제안을 하더라고요. "우리가 관리하는 숙박 시설이 많은데 하우스키퍼 수가 부족해서 방을 못 파는 케이스가 생긴다. 자동차 세차 사업을 했던 경험으로 우리 객실을 청소해 볼 수 없을까?" 처음에는 미래 가치가 별로 없다고 판단해서 거절했어요. 하지만 제안과는 별개로 돕고 싶었던 업체라 청소는 해 드리겠다고 하고 주말마다 갔지요. 그런데 직접 청소해 보니까 해 볼 만하다는 생각이 들더라고요. 그래서 팀원들한테 '내가 이런 아이템을 해 볼 건데 같이 갈 사람?' 하니까 다들 함께하겠다고 해서 자연스럽게 시작하게 된 거죠. 쏘카에서 세차 사업을 통해서 만난 고객과의 신뢰가 연결되어서 실제 창업까지 이어진 거라고 할 수 있겠지요.

Q. 창업했을 때 가장 큰 어려움은 무엇이었으며 어떻게 극복했나요? 사업을 시작할 때 엄청난 용기가 필요할 것 같은데 그와 같은 용기와 자신감은 어디에서 비롯되었을까요?

A. 제가 처음 창업했을 때는 개인 사업자와 간이 사업자가 어떻게 다른지, 부가세며 세금을 어떻게 내야 하는지도 잘 몰랐어요. 그런데 그건 과정이니까 닥치면 다 할 수 있는 것 같네요. 처음에는 시간이 오래 걸렸어요. 그런데 빨리하는 것만 능사가 아니라, 하나씩 하나씩 습득해 나가는 과정이기 때문에 그 과정에서 배

우는 게 정말 중요하다고 생각해요. 다른 사람에게 맡길 수도 있지만 창업 초기에는 그런 걸 다 경험해 보는 게 좋죠. 창업의 과정이나 조건의 어려움은 진행하는 과정에서 시간을 두고 해결해 나가는 거라고 이해하면 좋을 것 같아요. 가장 고민을 많이 하는 부분은 아마 자금이 아닐까 생각해요. 오프라인 쪽에 대해서는 할 말이 별로 없고 온라인 사업에 대해 말하자면 정부 지원금이 꽤 있거든요. 그래서 업종을 정할 때도 정부 지원금에 해당하는 아이템이냐 아니냐가 중요한 것 같습니다. 또 사업을 하게 되면 동료들이 큰 힘이 되기 때문에 인간관계를 잘 관리하는 것도 중요합니다. 저는 돈보다도 인적 네트워크가 더 중요하다고 생각해요. 어떤 기업에 지원자가 없으면 정말 문제거든요. 퇴사자에 대한 걱정을 많이 하는 사람들도 있겠지만 저 같은 경우에는 오히려 직원들에게 이직 권고를 많이 하는 편이에요. 퇴사자에게도 다음에 우리 회사에 와서 연봉 협상을 할 때는 다른 직장에서의 경험을 통해 너의 가치가 얼마인지 계속 검증하면서 협상하러 왔으면 좋겠다고 이야기하고요. 결국 회사 내에서 창업자이자 경영자인 제 영역은 조직 문화를 잘 만들어서 우리 일터에 지원자가 많게끔 하는 거라고 생각하는데요. 처음 창업을 하면 당연히 지원자가 없을 수밖에 없잖아요. 아무도 모르는 기업이고 아이템도 별로 없기 때문에 그럴 수밖에 없죠. 그래서 처음에는 대부분 이전 직장 동료들, 자기가 전에 알고 지냈던 친구들한테 연락을 돌리게 돼요. 마케팅이 필요하면 마케팅 포지션에 있는 친구를 찾아서 설득해야 하는데 그런 인적 네트워크가 없으면 힘들잖아요. 투자자들이 항상 투자할 때 창업자를 제1번으로 보고, 그다음은 팀 역량을 많이 본다고들 말해요. 그다음이 매출이고요. 따라서 학교에 다닐 때 교우 관계 그리고 직장 동료들과의 관계가 좋다면 창업을 잘할 수 있는 확률이 높아지겠지요.

Q. 친구 관계 말고도 학교라는 시스템에서 얻을 수 있는 것이 있지요. 그중 창업에 도움이 되는 요소가 있다면 무엇일까요?

A. 학교도 하나의 작은 조직이거든요. 반장도 있고 부반장도 있고요. 조직 생활을 경험한다는 측면에서 보면 학교생활이 정말 중요하다고 저는 생각하는 편이에요. 학교생활은 사회성을 키울 수 있는 곳이기 때문에 그런 게 어려운 면도 있지만, 사회에 나왔을 때는 이런 경험이 다 도움이 됩니다.

긱 이코노미란?

'임시로 하는 일'이라는 뜻의 긱^{gig}과 '경제'를 뜻하는 이코노미 ^{economy}의 합성어로, 기업에서 그때그때 생기는 필요에 따라 일을 맡기고 구하는 경제 현상을 말한다. 단기 아르바이트, 비정규직 프리랜서 등의 형태가 대표적이다.

엑시트 전략이란?

'투자 후 출구 전략'이라고 불리는 엑시트 전략$^{exit strategy}$은 쉽게 이야기하면 투자금 회수, 기업의 가치를 현금화하는 전략이다. 다른 회사에 회사를 파는 인수 합병$^{M\&A}$ 또는 여러 사람에게 회사의 주식을 파는 기업 공개^{IPO} 등의 방법이 있다. 엑시트 전략 이후 창업자는 또 다른 창업을 시도할 수 있고, 투자자는 투자금을 회수해 새로운 기업에 투자할 수 있다. 이를 통해 경제 생태계를 선순환시키는 역할을 한다.

메타 인지란?

발달심리학에서 처음 등장한 용어로, 메타 인지^{meta cognition}는 심리 분야에서 주로 쓰이는 개념이었지만 확장되고 있다. 자신의 인지 활동을 한 차원 높은 시각에서 관찰하는 능력이다. 간단히 말해 자기 성찰 능력이다. 자신이 무엇을 알고 무엇을 모르는지 아는 것, 자기 생각을 판단하는 능력을 뜻한다. 상위 인지, 초인지라고도 한다.

열한시에서 하는 일?

국내 유일 하우스키핑 플랫폼

- 하우스키퍼 인력을 안정적으로 공급한다.
- 청소의 기준을 다시 세우고, 하우스키핑에 대한 인식을 바꾼다.
- 각 숙박업체에 맞춘 하우스키핑 컨설팅을 제공해 운영에 집중하도록 돕고 고객이 이용하는 객실을 업그레이드한다.

4.

사람에게
투자하는
사업가

블루바이저시스템즈,
황용국

네 번째 만남 : 황용국

학력·학벌 관계없이
성장하는 법을
알려 주마!

#고졸출신 #인공지능전문가 #병역특례
#신용불량자 #인공지능알고리즘
#청년멘토 #면접문화 #취업문화

황용국이 걸어온 길

고교 졸업 후 컴퓨터 가게를 열다 → 소프트웨어를 개발해서 군대 대신 병역 특례로 입사 → 몇 차례의 사업 실패로 신용 불량자가 되다 → 프리랜서로 프로그램을 개발해서 재기 성공 → 멘토링 프로그램에 멘토로 참여해 청년 동료를 얻다 → 인공 지능 알고리즘 회사 창업 → 현재 해외에서 인정받는 스타트업 대표!

진로 선택을 앞둔 당신에게

66사람에게 투자하세요. 사업이라는 건 자기 혼자 뭘 잘 만든다고 되는 게 아니니까요. 저 또한 인재를 발굴하고 육성하는 일의 중요성을 알게 되었고, 제자들을 만나 힘을 얻었습니다. 그러면서 청년 문제에 관심이 생겼지요. 99

사람에게 투자하는
사업가

저는 '블루바이저시스템즈' 대표 황용국입니다. AI, 즉 인공지능에 관해 여러분도 들어 보았을 것입니다. 요즘 가장 주목받는 주제니까요. 보통 AI라고 하면 최소한 컴퓨터 공학을 전공한 석박사들, 혹은 마이크로소프트나 구글 같은 세계적인 IT 기업에서 일하는 사람들이 만드는 것으로 생각합니다. 그런데 저는 소프트웨어 공학을 전공하지 않았습니다. 아예 대학에 들어가지 않았지요. 하지만 30년 가까이 소프트웨어 개발자로 살아왔고, AI를 만들었습니다. 조금 특이한 경력이지요? 그렇게 되기까지 여러 우여곡절과 시행착오가 있었는데요. '학력이나 학벌과 관계없이 이렇게 성장하는 방법도 있다.'라는 이야기를 청소년들에게 해 드리고 싶습니다. 제 이야기를 통해 새로운 시각을 얻을 수 있다면 좋겠습니다.

꼭 대학에 가야 할까?

처음 사업을 시작했을 때의 이야기부터 하는 게 좋겠네요. 저는 경상남도 창원에 있는 고등학교를 졸업했습니다. 인문계 고등학교라서 학생 대부분이 대학 진학을 목표로 공부했어요. 하지만 저는 대학 진학에 그다지 뜻이 없었습니다. 대학 다니는 선배들을 지켜보니 대학 생활을 즐기기 위해서라면 모를까, 꼭 대학에 가야 할 이유를 못 찾겠더라고요.

사실 전 컴퓨터만 있으면 되는 컴퓨터광이었습니다. 초등학교 때부터 컴퓨터 앞에만 앉으면 시간 가는 줄 몰랐고, 컴퓨터를 가지고 노는 게 세상에서 제일 재미있었어요. 좋아하고 즐겨 하다 보니 실력이 점점 늘어서, 고등학교 때 이미 제가 원하는 컴퓨터 프로그램을 만들 수 있을 정도였습니다. 그러다 보니 '이 정도의 기술이 있는데 대학에 가서 기초부터 공부하는 게 의미 있을까?' 하는 생각이 들기도 했고, 무엇보다 돈을 빨리 벌고 싶었습니다. 당시 집안 형편이 별로 안 좋았거든요. 게다가 대학에 가도 어차피 나중에는 취업 시장에 뛰어들 텐데 차라리 하루빨리 돈벌이하는 게 나을 거라는 계산이었지요. 공부야 필요하면 언제든 할 수 있다는 마음, 내 길을 나 스스로 열어 갈 수 있다는 확신이 있었기에 가능한 선택이었습니다. 그때 제가

19살이었는데, 생각해 보면 대단한 자신감이었지요.

창업을 선택한 것은 물론 제 의지였지만, 아버지가 제 뜻을 존중해 준 덕도 컸습니다. 사사건건 자식들 일에 간섭하는 할아버지의 방식에 힘들어하던 아버지는 당신 자식들은 그렇게 키우지 않으리라 마음먹었고, 실제로 우리 형제를 방목하듯 자유롭게 키웠거든요. 대학에 가지 않겠다는 제 말에도 처음에는 반대했지만 제가 진학하지 않으려는 이유를 조목조목 차분히 설명해 드리자 결국엔 허락했고요. 그래서 1996년 고등학교 졸업과 함께 아버지와 숙부에게 종잣돈을 빌려 조그만 컴퓨터 사무실을 차렸습니다. 회사 이름은 '우리별 컴퓨터 오피스'였어요. 그즈음 우리나라에서 첫 인공위성을 발사했는데, 그 인공위성 이름이 '우리별'이었거든요. 그걸 벤치마킹해서 상호로 삼은 것이지요.

호기롭게 회사를 차리긴 했지만 사실 좀 막막했습니다. 문서 작성 같은 아르바이트를 해본 경험은 있었지만 사무실까지 차린 것은 저도 처음 겪는 일이었으니까요. 세상으로 향하는 진짜 항해가 시작된 것이지요.

당시 사무실이 7평 정도로 아주 작았습니다. 직원 한 명 없는 텅 빈 사무실에 앉아서 어떻게 하면 돈을 벌 수 있을까 고민하던 19살의 제 모습이 떠오릅니다. 먼저 할 수 있는 일부터 생각해 봤습니다. 컴퓨터를 사고팔까? 아니면 고장 난 컴퓨터를 수리해 줄까? 그것도 아니면 CD 백업으로 돈을 벌까? 결국 무엇을 했을까요? '모두 다' 했습니다. 찬밥 더운밥 가릴 처지가 아니었으니까요. 당시 인기 있던 CD 백업도 하고, 컴퓨터 수리나 컴퓨터와 관련된 온갖 일을 하면서 바쁜 나날을 보냈습니다.

CD 백업 판매는 작은 CD 레코드 안에 자료를 담아 판매하는 일입니다. CD란 요즘으로 치면 USB 같은 거예요. 1만 원 정도에 빈 CD를 사서 앨범을 만들고 거기에 사진이나 음악 등을 저장해 3만 원에 판매하는 식으로 장사했습니다. 판매 개수가 많을 때는 수입이 괜찮았지만 그것도 영업이 필요한 일이라 쉽지는 않았어요. 그래서 영업을 많이 하지 않고도 돈을 벌 수 있는 방법을 찾다가 중고 컴퓨터 거래가 수익성이 좋다는 걸 알게 되었습니다.

지금과 같은 인터넷이 나오기 전에는 PC 통신이라는 것이 있었어요. 통신 회사가 제공하는 통신망을 설치한 가입자끼리만 소통할 수 있는, 초기 인터넷이라고 할 수 있지요. 아무튼 컴퓨터광이었던 저 역시 PC 통신 사용자였는데요, 거기에는 요즘의 당근마켓 같은 중고 장터가 있었습니다. 주로 카메라, 컴퓨터 같은 제품들이 거래되곤 했는데, 그 당시 200~300만 원 정도에 팔리던 삼성 컴퓨터가 PC 통신 중고 장터에서는 50만 원 정도에 거래되었습니다. 구매 후 5년 정도 지난 중고 컴퓨터지만 찾는 사람이 많아서 인기리에 판매되곤 했지요.

요즘은 정보가 돈을 벌어 주는 시대라고 하죠? 그런데 그 시절도 크게 다르지 않았습니다. 컴퓨터에 관해 잘 아는 사람들 사이에서는 5년 정도 사용한 중고 컴퓨터가 50만 원에 거래되었지만, 컴퓨터에 관해 잘 모르는 일반인들은 그 가치가 어느 정도인지 정확히 몰랐지요. 그러다 보니 50만 원짜리 중고 컴퓨터를 사서 100만 원에 되팔아도 아무 문제가 없었어요. 그때의 삼성 컴퓨터는 AS도 잘되고 브랜드 인지도가 높아서 사람들이 많이 찾는 인기 품목이었거든요. 찾는 사람은 많고 파는 사람은 적다 보니 구하러 다니느라 전국을 돌아다니며 발품을 팔아야 했지만 아주 간단한 아이디어로 두 배의 수익을 낼 수 있는, 이른바 '효자템'이었습니다.

군대에서도 경력을 쌓고 싶어서

그렇게 2년 정도 재미나게 사업을 했는데 어느 날 청천벽력 같은 소식이 전해졌습니다. 입대를 알리는 영장이 날아온 것입니다. 군대를 피할 수는 없지만 겨우 일구어 놓은 사업을 접고 입대한다는 게 적지 않은 부담으로 다가왔지요. 그래도 방법이 없으니 일단 신체검사를 받았어요. 1급으로 아주 건강하다는 판정이 나왔습니다. 현역으로 군대에 가야 하는 상황이 된 것이지요. 대한민국 남자라면 누구나 짊어져야 하는 국방의 의무지만, 한창 일할 나이에 군대에 가서 내 경력과는 무관한 일을 하며 시간을 보내야 한다고 생각하니 답답했습니다. 당시만 해도 군대에 들어가면 3년을 꼬박 채우고 나와야 했으니 더 그랬지요. 그래서 경력도 이어 가고 군 복무도 할 수 있는 다른 방법은 없을까 고민하다 병역 특례 제도를 알게 되었습니다.

병역 특례 제도는 군대에 가는 대신 정부에서 지정한 연구 기관이나 산업체에서 일하는 제도입니다. 일정 기간 대체 복무하면 병역 의무를 다한 것으로 인정하지요. 제도 안에 다양한 직군이 있는데, 그중에는 정보처리업이라는 분야도 있었습니다. 일반 회사원처럼 컴퓨터 산업체에 입사해 소프트웨어를 개발하면 되는 일이었지요. 그런 직군이 있다는 걸 알게 된 순간, '유레카!' 소리가 절로 나왔습니다. 딱 제가 찾던 일이었으니까요. 합격만 하면 소프트웨어 개발자로서 경력을 이어 가면서 군 복무도 대체하고 월급까지 받을 수 있으니 일석삼조였지요. 문제는 엄청난 경쟁률이었습니다.

　군대에 가지 않고 대체 복무를 할 수 있는 특례 업체가 여럿 있었지만 힘들고 험한 일이 많았습니다. 안전하고 편하게 일하면서 경력도 쌓을 수 있는 곳은 정보처리업이 거의 유일했어요. 그러다 보니 전국에서 1,000명밖에 안 뽑는데 지원하는 사람의 수는 정말 많았습니다. 게다가 당시에는 고위 권력층의 부정과 비리가 지금보다 심할 때여서 소위 '있는 집' 자제가 대부분 그 자리를 차지했고요. 저처럼 돈도, 배경도, 스펙도 부족한 사람이 그 자리에 들어가기란 그야말로 '하늘의 별 따기'였지요.

　하지만 그대로 포기하기에는 절박했습니다. 그래서 머리를 싸매고 고민하던 중에 아이디어가 하나 떠올랐습니다. 그 당시 인기를 끌던 웹 사이트 중에 '아이러브스쿨'이라는 곳이 있었거든요. 오랫동안 만나지 못한 옛 친구들을 만날 수 있게 해 주는 이른바 동문 찾기 사이트로 엄청난 인기를 끌며 방송 같은 언론 매체에도 자주 소개되었어요. 막연하게 이것과 비슷한 사이트를 만들어 포트폴리오를 제출하면 괜찮을 것 같다고 생각했지요.

　아이러브스쿨을 벤치마킹한 웹 사이트를 만든 후에 병역 특례 업체에 지원했습니다. 지원 후 면접을 보러 갔는데 면접 대기자가 60명 정도 되더군요. 1명을 뽑는데 60명이 왔던 거죠. 주위에 있던 사람들과 대화했어요. 그런데 면접자 대부분이 서울에서 온 데다 서울대, 연세대, 고려대 등 쟁쟁한 대학의 컴퓨터 공학과에 다니는 친구들이었습니다. 고졸 출신인 저하고는 비교가 되지 않을 정도의 스펙이었지요. 그래서 자신 없는 상태로 면접장에 들어갔는데, 면접관이 제 포트폴리오를 보며 신기하다는 듯 물었습니다.

"마침 우리도 이런 커뮤니티 사이트를 만들 예정인데…… 어떤가? 들어와서 한번 만들어 볼 수 있겠나?"

그 후 그곳에서 3년간 일했습니다. 회사에 다니는 동안 좋은 사람을 많이 만나고 이전에 하지 못했던 경험도 했습니다. 입사 후 제가 만든 서비스를 이용해서 실제로 그룹웨어나 커뮤니티 같은 걸 만들기도 했고요. 근무할 때 컴퓨터 공학과를 졸업한 선배가 한 분 있었는데 그 선배에게 많이 배웠습니다. 5개 국어에, 컴퓨터 프로그램 언어도 3개나 하는 똑똑한 사람이었어요. 그런 사람과 일하게 된 건 행운이었습니다. 제가 모르던 분야를 어깨너머로 배울 수 있었으니까요. 다만 그 선배는 당시 웹 프로그램 쪽은 잘 몰랐기에 저의 웹 프로그래밍 기술로 협업하면서 회사 매출에도 기여했습니다. 조직과 함께 성장하면서 인터넷 시대에 걸맞은 비즈니스 모델을 경험할 수 있던 시간이었습니다.

병역 특례가 좋았던 점이 또 하나 있습니다. 제 선택이 옳았다는 확신을 갖게 된 것입니다. 아직은 실제 능력보다는 학벌이나 스펙을 더 높게 평가하는 경향이 있지요. 저 역시 사회생활을 하면서 그런 편견을 느낄 때가 있었습니다. 하지만 포트폴리오만 보고 뽑힌 것도 그렇고, 입사 후에도 제가 고졸 출신이라는 이유로 조직 내에서 차별받아 본 기억은 없었습니다. 학벌보다 능력이 먼저라는 사실을 다시 한번 깨닫게 되었다고나 할까요.

회사에서 함께 일했던 동료들은 대부분 대학에서 컴퓨터 공학을 전공한 사람들이었고, 진짜 고졸은 제가 유일했습니다. 그런데도 뭐든 하라고 하면 다 만들어 내니까 '어! 이 친구 실력 있네, 계속 쓰면 되겠네.' 하는 시선을 느꼈던 것 같아요. 누구도 저에게 왜 대학에 가지 않았느냐고 하거나, 학력이 문제가 된다고 말하지 않았습니다. 물론 대졸자 초봉과 고졸자 초봉이 구분되어 있어서 대졸자보다 10만 원 정도 덜 받기는 했지만 그에 대한 불만은 없었습니다. 대학을 졸업하기 위해서 수천만 원의 비용과 소중한 시간을 투자해야 하는 상황을 생각하면 그 정도 차이는 아무것도 아니었으니까요. 특히 저는 소프트웨어 개발자였기 때문에 더 차별을 못 느꼈던 것도 같습니다. 개발자는 자신이 만들려고 하는 제품 그리고 의뢰인이나 회사에서 요구하는 제품을 만들어 내기만 하면 되거든요.

나락으로 떨어지다

회사와 함께 성장하며 많은 것을 배웠지만, 개인적으로는 아쉬운 부분도 있었습니다. 병역 특례로 들어간 곳이라 월급이 정말 적었거든요. 하지만 군대 대신 온 곳이니 참을 수밖에요. 대체 복무가 끝나는 날만을 손꼽아 기다렸습니다. 돈도 돈이지만 창업에 대한 욕구가 컸기 때문입니다. 그래서 군 복무 종료를 알리는 소집 해제 명령이 떨어지자마자 사직서를 내고 회사를 나왔습니다.

홀가분해진 저는 망설이지 않고 다시 창업했습니다. 그런데 결론부터 말하면 모두 보기 좋게 실패했어요(웃음). 시차를 두고 몇 가지 사업을 진행했는데 그중 하나가 요즘 한창 유행하는 온라인 청첩장 사업입니다.

온라인 청첩장 서비스는 결혼식장에 가지 못한 사람들이 사진 파일을 통해 현장 모습을 볼 수 있도록 하는 한편 휴대폰 결제 서비스를 통해 간편하게 축의금을 전할 수 있도록 만들었습니다. 사정상 참석하기 어려운 사람들이 부담 없는 선에서 마음을 전할 수 있도록 한 것이지요. 직장을 다니다 보면 챙겨야 할 경조사가 의외로 많습니다. 그로 인해 경제적으로 또 심리적으로 부담을 느끼는 사람들도 많고요. 그래서 온라인 청첩장을 만들면 다들 환영할 거로 생각했는데 시기적으로 너무 빨랐던 것 같습니다. 요즘은 모바일 청첩장이 대세지만 그때만 해도 경조사에 직접 가지 않고 온라인으로 축의금만 낸다는 걸 선뜻 받아들이지 못했거든요. 어떤 일이든 때가 잘 맞아야 한다는 사실을 배웠습니다.

실패의 쓴맛을 보았지만 그대로 사업을 접기에는 너무 아까웠습니다. 그래서 바로 다른 사업으로 눈길을 돌렸어요. 당시 인기를 얻던 자료를 공유하는 웹 하드 사업을 해 보기로 했습니다. 그런데 웹 하드를 개설하려면 스토리지 서버라는 걸 구매해야 하는데 값이 꽤 나갔어요. 게다가 병역 특례로 근무할 당시에는 월급이 얼마 되지 않아서 모아 놓은 돈이 없는 상태였습니다. 그나마 다행인 건 회사에 다닐 때 발급받은 넉넉한 한도의 신용 카드가 있었다는 것입니다. 그래서 우선 카드 하나로 대출을 받아 3,000만 원짜리 스토리지 서버를 구매해 웹 하드 서비스를 시작했습니다.

하지만 그걸로 끝이 아니었습니다. 서비스를 시작했다고 알아서 사람들이 들어오는 게 아니니까요. 이용자 수를 늘려야 하는데 그러려면 마케팅 비용이 또 필요했지요. 대출을 더 받을 수는 있었지만 또다시 고금리 대출을 받아 홍보하기에는 부담스러웠습니다. 그러다가 시내에 밀집한 아파트 단지를 보고 좋은 아이디어가 떠올랐습니다.

아파트 단지에 사는 주민들이 들어와 놀 수 있는 아파트 홈페이지를 만들면 되겠다는 생각이 든 것입니다. 그러면 홈페이지 안에 웹 하드를 넣을 수 있으니까 따로 웹 하드 마케팅을 할 필요도 없고, 아파트 주민들이 많이 들어오면 이들을 대상으로 하는 광고도 받을 수 있으니까 일거양득이라고 생각했지요. 결심이 선 저는 먼저 대단위 아파트 홈페이지를 만들어 대문만 다르게 꾸민 뒤에 아파트 주민들이 자신이 사는 아파트 홈페이지로 이용할 수 있도록 했습니다.

홈페이지는 완성했지만 그걸로 끝이 아니었습니다. 주민들이 실제로 들어와 이용해야 하니까요. 그래서 주민들에게 편지를 쓰기로 했습니다. 다들 우편함 확인은 할 테니까요. "주민 여러

분, 우리 아파트에도 홈페이지가 생겼습니다. 여기 들어오시면 반상회도 온라인으로 할 수 있고 자료도 공유할 수 있고 중고 거래도 할 수 있어요. 무료로 서비스할 테니까 접속해서 사용해 보세요." 그런데 이것도 광고니까 경비원 몰래 야간에 침투해서 편지를 우편함에 넣었어요. 아르바이트생까지 모집해서 발품을 판 거죠. 그렇게 편지를 우편함에 넣은 뒤에 기대에 차서 다음 날 홈페이지를 열었는데, 접속자가 생각보다 너무 없었습니다. 알고 보니 광고물이라고 생각하고 모두 버린 거였죠.

그대로 포기할 수는 없으니까 다시 꾀를 냈어요. 광고라는 게 들통나지 않도록 예쁜 봉투에 담아서 일반 편지처럼 우편함에 넣은 겁니다. 이번에는 바로 반응이 왔습니다. 홈페이지에 들어 오는 주민 수가 급격히 늘어나기 시작한 거예요. 사용자가 늘어 나자 광고 계약도 바로 늘어났고요. "이제 고생 끝이구나!" 밀 려드는 광고에 환호성을 지르며 돈을 쓸어 담을 일만 남았다고 생각했습니다. 하루 만에 1,000만 원 단위의 광고 계약이 이루 어졌으니 그럴 만도 했지요. 그런데 문제가 터졌습니다. 아파트 관리 사무소에서 항의하기 시작한 것입니다.

"당신이 뭔데 우리 아파트 홈페이지를 만들어서 광고 사업을 하느냐? 이거 상표권 침해다. 불법이니 고소하겠다. 교도소 가기 싫으면 빨리 서비스를 내려라. 내리면 우리가 봐주겠다." 이런 식으로 협박 전화가 왔습니다. 집까지 찾아와서 당장 홈페이지를 닫으라며 겁박하는 일도 많았어요. 예상치 못한 상황에 원형 탈모가 생길 정도였습니다.

결국 계약했던 광고를 모두 백지화하고 홈페이지의 문을 닫았습니다. 나중에 알고 보니 실제 사용자들에게 동의받으면 되는 일이었는데, 당시에는 모르는 게 많아 너무 쉽게 포기했던 것 같아요. 그 과정에서 저는 하루아침에 신용 불량자가 되었습니다. 당시 빚이 6,000만 원이었는데 사업 규모에 비하면 그리 큰 손해는 아니었어요. 하지만 그런 상황을 감당하기가 버거웠습니다. 스물일곱이라는 어린 나이에 성공과 실패의 롤러코스터를 너무나 빠르게 경험했던 거죠.

사업을 접은 뒤 한동안 먹지도 자지도 못할 만큼 심한 슬럼프에 빠졌어요. 삶의 의미를 모두 잃은 것 같았지요. 하지만 문득, 이러다 영영 끝이겠다 싶어 생각을 바꾸기로 했습니다. 아직 젊고, 돌봐야 할 가족도 없으니 어떻게든 살아갈 수 있었거든요. 그러나 창업의 꿈은 접어야 했습니다.

어느 날 20억이 생긴다면

다시 회사에 들어갔습니다. 소프트웨어 공기업에 취업했어요. 하지만 빚 때문에 월급의 반이 압류되는 바람에 무척 힘든 시기를 보냈습니다. 그래도 캄캄하기만 한 시절은 아니었어요. 지금은 아내가 된 여자친구를 만나 결혼도 했으니까요. 가정을 꾸리고 빚도 조금씩 갚아 나가면서 나름대로 안정된 생활을 하기 시작했습니다. 그런데 그동안의 경험과 경력을 그대로 묻어 두기가 아까웠습니다. 그래서 요즘의 '크몽' 같은 프리랜서 사이트에 제 경력을 올렸지요. "어떤 프로그램이든 개발해 드립니다." 하고요. 얼마 뒤에 연락이 왔습니다.

포장마차를 하며 1억 원의 자본금을 모은 사람이었어요. 그분이 좋은 아이디어가 있는데 프로그램 개발이 필요하다면서 PC방에서 만나자고 했습니다. 이력도, 만나자는 장소도 좀 이색적이었지만 그래도 의뢰를 받았으니 약속 장소로 나갔지요. 그런데 PC방 컴퓨터에 있는 바이러스 제거 프로그램을 가리키며 이것과 똑같은 기능을 가진 프로그램을 만들어 줄 수 있느냐고 묻더라고요. 당시 PC방 컴퓨터에는 대부분 악성 프로그램 제거기가 깔려 있었습니다. 그게 있으면 원치 않는 광고나 악성 프로그램이 깔려도 자동으로 삭제해 주니까요. 의뢰인은 똑같은 프로그램을 만들 수 있는지, 그렇게 하는 데 비용은 얼마나 드는지 물었습니다. 그래서 3,000만 원에 3개월이면 만들 수 있으며, 이런 악성 코드와 광고 프로그램은 계속 업데이트가 되기 때문에 유지·보수료로 1년에 3,600만 원이 추가된다고 답했고, 그렇게 계약했습니다.

계약대로 3개월 만에 프로그램을 만들었습니다. 의뢰인은 제가 만든 프로그램으로 3,000억 원이라는 어마어마한 돈을 벌어들이더군요. 정말 깜짝 놀랐습니다. 그때까지 여러 종류의 프로그램을 만들었지만 3개월 만에 제가 만든 프로그램이 그렇게 큰돈을 벌어들이는 걸 본 적이 없었거든요. 그 경험은 다시 창업에 대한 열망을 품게 했습니다. 남은 빚도 빨리 털어 낼 수 있었고요. 프로그램의 이용자 수가 엄청나게 늘어나 한 달에 300만 원씩 받던 유지·보수 비용을 2,000만 원으로 올려 받게 되었기 때문입니다. 덕분에 빚을 다 갚은 것은 물론 10여 년간 유지·보수료를 받으면서 모은 돈이 20억 정도였습니다.

여러분에게 20억이라는 큰돈이 생긴다면 어디에 투자할 건가요? 많은 사람이 저에게 부동산에 투자하라고 말하더군요. 안정적인 수익이 보장되니까요. 그런데 저는 그 돈으로 학생들을 키웠습니다. 사람에게 투자한 것이지요.

저는 평소 미래에 관해 많이 생각하는 편입니다. 눈앞의 이익도 좋지만, 어떤 게 더 미래에 도움이 될지, 미래에는 어떤 문제가 발생하고 또 어떤 방향으로 흘러갈지 상상하곤 해요. 그래서 건물보다는 사람에게 투자하는 게 더 낫다고 생각했습니다. 아무리 뛰어난 능력을 갖춘 사람도 혼자 일한다면 한계를 마주할 수밖에 없으니까요. 하지만 내가 알고 있는 것을 제자들에게 전해 제자들이 함께, 혹은 나 대신 일하게 되면 훨씬 시너지가 생길 거라고 판단했던 거지요.

때마침 과학기술부에서 추진하는 한이음 ICT 멘토링 모집 공고가 떴어요. IT 전문가 학생들, 특히 컴퓨터공학과에 다니는 학생들과 함께 프로젝트도 하고 스터디도 할 수 있도록 연결해 주는 프로그램입니다. 그 과정에 참여해 23명의 제자를 키워 냈습니다.

당시 그 프로그램에 참여해 멘토가 되면 과학기술부에서 약간의 지원금이 나왔어요. 그런데 저는 앞서 말한 것처럼 돈을 좀 벌어 놓은 상태였기 때문에 지원금 15만 원을 받고 제 돈 1,500만 원을 써 가며 학생들을 가르쳤습니다. 아파트나 건물을 사지 않고 왜 쓸데없는 짓을 하느냐는 말도 많이 들었지만, 학생들과 함께하는 게 좋았습니다. 학생이라 다들 돈이 없을 때니까 만나면 밥도 사 주고 술도 사 주고 겨울에는 스키장에 데려가서 놀기도 하고, 또 성적이 좋으면 장학금을 주기도 하면서 2년 정도 프로젝트를 이어 갔지요. 이 제자들과는 지금까지도 연락하고 지내는데, 다들 잘되어서 보람도 느낍니다. 게다가 그중 몇 명은 지금도 저와 함께 일하고 있고요.

새로운 회사의 시작

프로젝트가 끝나면 헤어지는 게 순서였는데, 프로젝트 2년 차 때 대기업에 지원했다가 떨어진 친구들이 저와 함께 사업을 해보고 싶다고 말하더군요. 그래서 저와 4명의 제자가 창립 멤버가 되어 회사를 하나 만들었습니다. 정식으로 출범했던 건 아니고 일종의 위밍업 기간이었어요. 준비할 게 많았으니까요. 이를테면 어떤 프로그램을 만들지 의논하고, 부족한 실력을 채우기 위해 훈련도 하는 시간이었지요.

대부분의 스타트업이 그렇듯 처음에는 열악한 조건에서 시작했습니다. 조그만 오피스텔형 원룸을 빌려 거기에서 저와 제자 4명이 숙식을 해결하며 프로그램을 만들었죠. 그 후 부산 강서구에 있는 아파트로 이사를 했어요. 그때만 해도 그 지역 아파트 값이 저렴할 때라 방 3개짜리 아파트에 들어갈 수 있었습니다. 직원들에게 방을 하나씩 주고 거실을 사무실로 만든 다음, 그곳에서 인공 지능 프로그램을 완성했습니다. 그때 만든 인공 지능 알고리즘이 지금 우리 회사의 초석이 된 하이버프입니다.

우리 회사의 대표적인 프로그램이 하이버프 재테크와 하이버프 인터뷰인데요. 하이버프라는 이름은 높다는 뜻의 '하이(high)' 와 '버프(buff)'를 합친 말입니다, 그러니까 보통 게임을 할 때 버프를 받으면 강해지는 점에서 착안해 '높은 능력치'라는 뜻으로 지은 이름이에요.

먼저 출시된 건 투자 프로그램인 하이버프 재테크였어요. 우리 회사가 정식으로 출범한 시기인 2016년은 투자 전문가가 자산 관리를 돕는 PB 금융 서비스가 우리나라에서 막 대중화되던 때였어요. 그때 미국에서는 '로보어드바이저(robo-advisor)'가 등장했거든요. 돈을 사람에게 맡겨서 투자하는 것이 아니라 인공 지능 알고리즘이 알아서 투자하는 시스템이에요. 그걸 벤치마킹해서 한국 시장을 모델로 한 금융 프로그램을 만들었던 거죠.

때마침 금융 위원회에서 주최하는 테스트 베드(testbed: 테스트 수행 플랫폼)가 열려 출품했는데, 대기업들을 제치고 수익률 1위를 기록하여 세간의 주목을 받았습니다. "너네 어떻게 삼성을 이겼니? 4명으로 그게 가능해?" 하는 반응부터 "말도 안 돼. 무슨 꼼 수 부린 거 아니야?" "운이 좋았던 거 아니야?" 같은 의심에 찬 반응까지 다양한 관심이 이어졌지요.

그 후 함께 테스트 베드에 참가했던 모든 대기업에서 같이 펀드를 만들자는 연락이 왔습니다. 총 24개 알고리즘 중에 하이버프 재테크가 수익률 1등, 회전율 1등, 정확도 1등이었거든요. 회전율이란, AI가 투자하고 팔고를 반복해서 얼마만큼 원금을 많이 회전시키는가, 투자 빈도가 얼마나 높은가를 테스트하는 것입니다. 즉, 회전율이 높다는 건 그만큼 시장 변동성을 많이 캐치해서 수익률을 끌어올렸다고 증명하는 지표가 되는 거예요.

그러나 대기업들의 요구 내용이 너무 부당하더라고요. 같이 펀드를 만들자면서 수익을 9대 1로 나누자고 하더군요. 아무리 계산을 해 봐도 적자인 거예요. 어쨌든 우리 회사는 금융 회사가 아니다 보니 이런저런 현실적 장벽도 많았고, 제도권에 들어가기 위해서는 자본과 다양한 경력이 필요했습니다. 테스트만 통과했다고 해서 바로 사업화하기에는 무리가 있었지요. 대신 좀더 세계적인 시장에서 충분히 검증받은 뒤에 금융 서비스를 할수 있도록 준비하는 차원에서 해외 진출을 결심하게 되었습니다.

해외 진출에서 얻은 성과는 적지 않았습니다. 뉴욕의 패밀리 오피스에 초대되어 챌린지에 참여하게 된 것이 회사를 알리는

데 큰 도움이 되었습니다. 패밀리 오피스는 미국의 고액 자산가들이 모여 있는 모임을 말하는데요, 그런 모임에 우리가 초대되어서 세계 각국에서 온 팀들과 경합을 벌이는 챌린지에서 2,400대 1로 우승까지 했지요. 그 결과 나스닥 TV에도 출연하게 되었고요. 나스닥이라는 증권 투자 플랫폼의 스튜디오에 초대되었지요. 금융 전문가 제인 아나운서와 패밀리 오피스 총괄 대표가 나와서 함께 인터뷰했고, 그렇게 인터뷰한 방송이 뉴욕시 타임스 스퀘어에 노출되기도 했습니다.

타임스 스퀘어에 노출되었던 가장 큰 이유는 기존의 금융 서비스와 달리 투자와 생계를 함께할 수 있는 혁신적인 아이템이라는 평가 때문이었습니다. 기존의 금융 서비스는 장기적인 안목에서 투자하는 경우가 대부분입니다. 내가 가지고 있는 여윳돈을 노후 자금이나 결혼 자금 등 멀리 바라보고 투자하는 게 일반적이죠. 하지만 소액 투자자나 직장인은 여윳돈이 있다고 하더라도 장기적인 안목으로 바라보고 투자하기가 상당히 힘듭니다. 왜냐하면 계속 생계를 이어 가야 하고 자녀 교육이나 주거 문제 등 생활비로 나가는 지출이 많기 때문이에요. 하지만 우리가 출시한 하이버프 시스템은 내 계정과 계좌를 연결해서 적금이나 예금 형태로 가지고 있는 돈으로 시스템 내에서 투자를 하고, 발생한 수익은 바로 찾아 쓸 수 있도록 설계되었어요. 그리고 갑자기 목돈이 필요해서 투자금을 회수하려면 원래의 금융 서비스는 만기일까지 기다리거나 중도 해지를 해야 하지만 우리는 인공 지능 시스템만 중단하고 바로 투자 운영비를 회수할 수 있는 장점이 있거든요. 그런 이유로 우리가 나스닥에 나왔을 때, '투자와 동시에 생계를 이어 갈 수 있는 아주 혁신적인 아이템'이라는 평가를 받았던 거죠.

물론 금융 시장은 변동성이 높고 여러 가지 이슈에 따라서 변화가 역동적으로 일어날 수 있기 때문에 단기간에 테스트한다고 해서 이 제품이 우수하다, 안정성이 있다고 입증할 수가 없거든요. 최소한 3년 아니면 5년 동안 테스트를 하게 됩니다. 우리 제품의 테스트도 미국과 영국에서 진행되는 중입니다.

나스닥 TV 보도 이후 영국 왕립은행의 초대를 받기도 했습니다. 우리가 만든 한국 제품을 본 영국 왕립은행 측에서 말하더군요. 왜 하필 한국 시장에 투자하는 인공 지능을 만들었느냐, 그런 알고리즘을 만들어서 그 작은 시장에 어떻게 제품을 출시하려고 하느냐, 이왕 하는 김에 좀 더 스케일이 큰 미국 시장이나 유럽 시장에 도전해 보는 게 어떠냐고요. 그래서 우리도 그러고 싶지만 데이터가 부족해서 힘들다고 하니까 영국 왕립은행에서 빅데이터를 4년 동안 무료로 제공해 주겠다고 했어요. 그렇게 미국 버전, 그러니까 뉴욕 증시와 나스닥 버전의 AI 투자 플랫폼을 또 만들게 되었습니다. 그래서 현재는 한국 제품과 미국 제품을 동시에 검증하는 중입니다. 실리콘밸리 K-피칭 대회, 오라클 이노베이션 챌린지, 뉴욕 스타트업 월드컵, 이스탄불 테이크오프 파이널리스트 등의 다양한 챌린지에 도전해 수상했습니다.

유명해졌지만 계속되는 고민

하지만 상을 많이 받고 유명해진다고 매출이 바로 늘어나지는 않는 것 같습니다. 코로나 팬데믹으로 인한 활동의 어려움도 한몫했지요. 회사의 활동이 한창 무르익어 가던 시기에 갑자기 코로나19가 터지면서 해외 활동에 제동이 걸렸기 때문입니다. 투자자를 만나기도 힘들어졌고 기업 홍보 활동을 하기 위한 여러 가지 대형 행사가 모두 취소되는 바람에 더 이상 해외에 체류하면서 활동할 수가 없었어요. 그래서 결국 한국으로 돌아오게 되었습니다. 또한 금융 투자 플랫폼이라는 건 아주 오랫동안 검증을 받아야 하므로 이 제품을 지금 당장 사업화하기에는 한계가 있다는 판단을 내리고 잠정 보류하는 중입니다. 물론 테스트는 지금도 계속되고 있고요.

하이버프 재테크의 사업화가 미뤄졌기 때문에 다른 제품에 대한 고민이 시작되었습니다. 이번에는 더 확장성이 뛰어난 제품을 만들어 보기로 했어요. 고심한 결과 하이버프 인터뷰라는 비대면 면접 프로그램을 만들게 되었습니다. 하이버프 인터뷰는 코로나19에 대응할 수 있는 비대면 면접을 인공 지능 알고리즘을 활용해 만든 것입니다. 저도 고졸이지만 면접자 중 대부분은 서류 심사에서 학력이나 스펙 문제로 탈락할 때가 많습니다. 자신의 장점을 보여 줄 기회조차 얻지 못한 채 탈락의 쓴맛을 보는 것이지요. 하이버프 인터뷰는 구인하는 회사나 구직자가 최소한 면접이라도 본 뒤에 그런 결정을 하거나 받아들이면 좋지 않을까 하는 생각에서 출발했습니다.

구직자 입장뿐만 아니라 기업 입장도 고려한 것입니다. 사실 기업 입장에서 생각해 보면 면접을 보려면 큰 비용과 시간이 들지 않습니까? 몇 명밖에 모집하지 않는데 수천 명이 지원했다고 했을 때, 그 많은 사람을 일일이 대면으로 면접하기는 어렵겠지요. 이런 상황에서 인공 지능을 통해 비대면 면접을 한다면 면접에 대한 접근법이 달라질 수 있지 않을까 하는 생각에서 제품을 만들게 된 것입니다. AI를 통한 비대면 면접 프로그램으로 면접을 볼 경우, 면접관을 따로 교육하지 않아도 되고 또 면접을 보기 위해서 사람을 부르고 비용을 들일 필요가 없을 테니까요. 결국 인공 지능을 통해서 면접을 보게 되면 모든 지원자에게 면접 기회를 줄 수 있을 뿐만 아니라 기업에도 비용 절감 효과가 있을 거라는 생각으로 하이버프 인터뷰를 만든 것이죠.

물론 우리 회사가 AI 면접 프로그램을 가장 먼저 출시한 것은 아닙니다. 하지만 우리가 만든 하이버프 인터뷰는 기존에 출시된 AI 면접 프로그램과는 성격이 조금 다릅니다. 대상이 되는 시장이 다르거든요. 중소기업이나 제조업, 그리고 자영업자들이 고용하는 아르바이트생까지도 간단하게 면접을 볼 수 있는 시스템이 필요하다고 생각했습니다. 그래서 하이버프 인터뷰는 모든 과정이 5분 안에 끝납니다. 직무 평가나 역량 평가 같은 심층 과정은 빠져 있습니다만 간단한 면접에는 오히려 유리한 측면이 있지요.

다만 정성적인 평가는 조금 까다로운 영역입니다. 사람에 대한 고유한 평가는 인공 지능이 아직 정확하게 판단할 수 없는 영역이기 때문이지요. 그래서 알고리즘으로 평가하고 나면 그 다음에는 인사 관리(HR) 출신 전문가들을 따로 모집해서 그들에게 의뢰하고 있습니다. 면접 콘텐츠를 AI가 먼저 분석한 뒤에 정성적인 평가는 인사 전문가들이 재택근무 형태로 하도록 자료를 넘기는 구조인 거죠. 그래서 알고리즘 평가와 인사 관리출신의 재택근무 라벨러들이 평가한 결과가 최종적으로 구직자와 구인자에게 리포트로 제공됩니다. 어떻게 보면 회사 대신 제3자가 면접을 보는 시스템도 포함되어 있다고 할 수 있는 거죠.

대표 아이템은 청년을 향해

우리 회사 대표 아이템 두 가지의 공통점은 무엇일까요? 바로 청년입니다. 제품을 만들기 전에 지금 청년들의 문제를 먼저 생각했어요. 청년들이 힘들어하는 이유는 일단 취업 문제가 가장 커요. 그다음에 취업이 되고 나면 돈을 모아야 하니까 재테크가 또 문제가 되고요. 그래서 우리 제품이 취업과 재테크를 도울 수 있는 시스템으로 계속 발전하게 된다면 지금 시대 청년들의 문제를 대부분 없앨 수 있지 않을까 하는 기대를 하고 있습니다. 우리 제품이 아직 대중화되지는 않았지만 머지않아 실질적인 도움을 줄 수 있게끔 성장하리라 생각합니다.

제 주위에는 스펙이 뛰어나거나 사업 경험이 많은 선배가 거의 없었습니다. 그래서 맨땅에 헤딩하듯 혼자 사업을 이끌어 가다 보니 힘들 때가 많았어요. 개발은 혼자서도 할 수 있지만, 사업이라는 건 자기 혼자 뭘 잘 만든다고 되는 게 아니니까요. 그 과정에서 인재를 발굴하고 육성하는 일의 중요성을 알게 되었고, 제자들을 만나 힘을 얻었습니다. 그러면서 청년 문제에도 관심이 생겼지요.

물론 처음부터 제자 육성을 계획했던 것은 아니었습니다. 우연히 지원한 멘토링 프로그램의 인연이 지금까지 이어지고 있는 것이지요. 그런데 그 친구들을 처음 만났을 때 놀랐던 점이 있습니다. 모두 컴퓨터 공학을 전공하는데 코딩할 줄 아는 친구가 아무도 없었던 겁니다. 전공을 살려 실무자가 되려면 코딩할 줄 알아야 하는데 못하고 있으니 안타까웠어요. 그래서 코딩의 재미를 알려 주고 제품을 만들었을 때 어떤 효과가 있는지 보게끔 프로젝트 단위로 일을 진행하다 보니 성과도 있었고 재미있었어요. 그 친구들이 차츰 성장하는 모습을 보며 보람을 느끼기도 했고요.

그렇게 몇 번의 프로젝트를 진행한 뒤 다들 자기 갈 길을 찾아 떠났는데, 앞서 말했듯이 4명의 친구는 제 곁에 남았습니다. 처음 2년 동안은 일종의 워밍업 기간으로 보냈습니다. 제가 인공 지능에 관심이 많았기 때문에 빅데이터 기술이라든지 정보 보안 기술, 네트워킹 기술 등을 2년 동안 가르쳤어요. 함께해 나가다 보니 서로에게 의지가 되었습니다. 저는 혼자 반복적으로 하던 일을 그 친구들 덕에 줄일 수 있었고, 또 그들은 저와 함께하며 사업이라는 세계를 간접적으로 체험할 수 있었으니까요. 그렇게 준비 단계를 거친 뒤에 드디어 정식으로 회사를 창립했습니다.

처음에는 이왕이면 한꺼번에 여러 가지를 해보기로 했습니다. 그래서 아이템 3개를 동시에 개발하기 시작했어요. 먼저 제가 10년 전부터 연구하고 있던 인공 지능 투자 플랫폼을 개발하고, 또 제자 한 명이 정보 보안 시스템을, 또 다른 한 명이 블록체인 시스템을 개발했습니다. 그런데 세 가지 아이템을 같은 회사에서 육성하게 되면 R&D(연구 개발) 자금을 지원받는 데 한계가 생깁니다. 또 한 가지 아이템이 실패하면 다른 아이템에도 영향을 줄 수 있지요. 그래서 아이템별로 회사를 만들었습니다. 아이템 하나에 회사 하나, 이런 방식으로 진행한 것입니다.

문제는 자금이었습니다. 3개 회사를 운영하려면 그만큼 더 많은 자금이 필요한데 사회 초년생인 제자들에게 자본이 있을 리가 없으니, 제품을 만드는 동안 제가 계속 지원해야 했거든요. 모아 둔 돈이 있기는 했지만 매출이 없는 상황에서 계속 진행하기에는 버거웠습니다. 그러던 차에 다행히 청년 대상의 정부 지원금을 받아 제품을 완성할 수 있었지요.

하지만 제품을 완성했다고 해서 문제가 모두 사라진 건 아니었습니다. 만들었으면 어딘가에 팔아야 하니까요. 결국 지인들에게 연락해 제품을 판매하는 식으로 조금씩 실적을 쌓아 나갔습니다. 2017년 금융 위원회 테스트 베드에서 좋은 성적을 거둔 뒤에 그걸 발판 삼아 해외에도 진출하고 제품 판매도 했지만, 사실 2020년까지는 회사 성장이 거의 멈춰 있는 상태였습니다. 매출이 있어도 겨우 월급을 가져가는 정도였으니까요.

그러다가 기회가 찾아왔습니다. 코로나 팬데믹 시기에 제자들이 만들어 둔 제품이 빛을 본 것이지요. 그중 하나가 비대면 플랫폼인데, 시기가 잘 맞아떨어졌던 거지요. 누구도 코로나19 사태가 올 것을 예상하지 못했지만 코로나19 이후 우리 제품이 시장에서 필요한 상황이 되었으니까요. 코로나 팬데믹 이후 많은 것들이 바뀌었는데 보안 시스템도 그중 하나였습니다. 보통 회사에서는 회사 기밀이 외부로 유출되는 일을 막기 위해 보안 시스템을 구축하고 있습니다. 코로나 이전에는 그 보안 시스템이 들어가 있는 기밀 사항이 회사 내 중앙 컴퓨터나 중앙 서버에 설치되어 집중적으로 보안하는 방식이었어요. 그런데 코로나19가 터지고 나서 많은 사람이 재택근무를 하게 되자 보안 시스템도 달라져야 하는 상황이 된 것이지요. 우리는 이미 3년 전부터 재택근무용 보안 솔루션을 만들기 시작했기 때문에 빠르게 대응할 수 있었어요.

코로나 팬데믹을 예견하고 재택근무용 보안 솔루션을 만든 건 아니었습니다. 아주 우연히 만들어졌지요. 처음에 제자들이 저한테 어떤 아이템을 하면 좋을까 물었는데, 그때 함께 이야기를 나누다 기후 위기와 관련한 전망이 나왔어요. '앞으로는 기후 위기가 많이 발생하지 않을까? 미세먼지가 지금보다 더 심해져서 영화 〈인터스텔라〉처럼 사람들이 집에서 머무는 시간이 많아지지는 않을까? 그러면 집에서 머무는 시간이 많아진 사람들에게 필요한 제품에는 어떤 게 있을까?' 그런 식으로 토론하다가 재택근무형 보안 솔루션을 만들어 보기로 한 건데 그게 코로나19 상황과 만나면서 쓰이게 된 거죠.

또 블록체인 회사를 운영했던 친구는 협업 프로그램을 만들고 싶은데, '협업 프로그램에서 중앙 집중식으로 데이터가 제공될 경우, 그 회사가 사라지거나 데이터가 유실되면 보유했던 자산을 모두 잃을 수 있다. 그러니 블록체인이라는 기술을 활용해서 전 세계의 클라우드 서비스나 분산된 데이터의 연결고리를 만들어 탈중앙화된 데이터 스토리지를 만들자. 그걸 만들어 놓으면 언젠가는 그 시스템을 쓸 수 있을 것이다.' 이런 생각으로 블록체인을 만들게 되었고요. 그 제품 역시 코로나19가 터지고 나서 국가에서 밀어주는 공급 기업으로 선정이 되었어요.

그 제품을 만들 당시 큰 사건이 하나 있었습니다. 바로 다음 클라우드가 없어진 일이에요. 다음 클라우드는 우리나라에서는 아주 큰 클라우드 서비스였는데, 갑자기 철수해 버린 거죠. 그러다 보니 거기에 저장되어 있던 모든 데이터를 백업하지 않으면 유실되는 불편한 일이 생겼지요. 거기에서 힌트를 얻어서 데이터를 한곳에 저장하는 대신 블록체인 기반으로 여러 군데 저장하는 시스템을 만들면 한 군데가 없어져도 데이터는 살아 있을 수 있으니까 만들어 보자고 했던 거지요. 우리가 블록체인 기반의 스토리지를 2017년에 만들었는데, 2020년에 국가에서 코로나19 협업 프로그램으로 선정해 줬습니다.

두 제품 모두 코로나19 사태를 예측하고 만든 것은 아니지만 미래 예측을 기술화시킨 결과가 시대의 흐름과 잘 맞아떨어진 것이지요. 덕분에 그 친구들이 운영하던 회사 모두 수십억의 돈을 벌게 되었습니다. 중소기업이나 소상공인이 우리 프로그램을 사면 거의 무상으로 도입하고 정부에서 지원해 주는 방식으로 판매했는데, 정보 보안 프로그램 35억, 블록체인 프로그램은 70억 해서 갑자기 105억을 벌게 되었어요. 게다가 이 친구들이 청년이라 국가에서 주는 혜택도 많았고요. 예를 들어 우리 같은 IT 지식 산업자에게는 5년 동안 법인세가 면제돼요. 그래서 이 친구들한테 아파트도 사 주고 차도 바꿔 주는 식으로 직원 복지에 사용하면서 더욱 공생할 수 있는 관계가 되었습니다.

그런데 이 친구들이 모두 엔지니어에 개발자다 보니까 회사를 키우는 방법을 잘 몰랐어요. 창업 당시 27살이었는데 회사가 빛을 보기 시작한 때가 30살, 31살이었으니까 당시만 해도 어린 나이였지요. 어떻게 하면 사람을 잘 쓸지, 어떻게 하면 개발을 잘할 수 있을지, 어떻게 하면 판로 개척을 할 수 있을지 잘 몰랐어요. 또 회사 운영을 하다 보면 신경 쓸 곳이 많은데 그걸 버거워했고요. 자신은 개발자니까 프로그램 개발만 하고 싶다는 거였죠. 그러면서 "대표님이 회사를 맡아 줬으면 좋겠습니다."라고 고민을 털어놓더라고요. 처음에는 회사의 미래 가치가 얼만데 팔려고 하느냐며 말렸지만 "나중의 100억보다 저희는 눈앞의 1억이 더 좋습니다."라고 말해 결국 제가 그 회사를 다 인수했습니다.

그 후 함께했던 제자들을 포함해 직원들까지 다 고용 승계를 해서 하이버프와 통합했습니다. 그러는 사이 제가 꾸리던 회사도 성장했기 때문에 그 비용을 모두 출자해서 4개 회사를 동시에 키울 수 있는 하이버프 그룹을 만들게 되었지요. 지금은 부산에서 91평짜리 펜트하우스 두 채를 이용 중이에요. 그중 한채는 30명 정도 근무할 수 있는 공간이고, 다른 한 채는 휴식 공간으로 만들었어요. 현재 거실은 직원들이 원하는 음식을 시켜서 먹을 수 있게끔 식당 형태로 되어 있고, 방은 게임과 운동, 휴식을 취할 수 있는 복지 공간으로 쓰이고 있습니다. 4개 회사의 모든 임직원이 그 공간을 알차게 활용하고 있고, 또 주말에는 직원의 가족이나 친구들을 데리고 와서 여유롭게 보낼 수 있도록 제공하고 있습니다.

사람과 사람

간혹 이렇게 회사를 창업하고 성장시킨 배경에 관해 묻는 분들이 있어요. 그 질문에 대한 답이 될지 모르겠지만 가정 환경 이야기를 해보려 합니다. 앞서 말한 것처럼 제가 고등학교에 다닐 때 가정 형편이 좋지 않았어요. 그래서 창업에 대한 의지가 더 많이 생겼던 것 같습니다. 집이 어려우니까 돈을 빨리 벌어야겠다는 생각이 있었던 거죠.

제가 아버지한테 크게 혼난 적이 거의 없는데 몇 안 되는 경험이 모두 컴퓨터와 관련된 일이었습니다. 제가 고등학교 때부터 홈페이지 운영을 했는데요. 인터넷이 안 되던 시절이니까 아버지 카센터 전화선을 PC에 연결해서 컴퓨터가 전화를 받는 사설 BBS를 운영했던 거예요. 컴퓨터가 전화를 받으면 상대방 모니터에다가 게시판을 뿌려 주고 그래픽이라든지 게임을 내려받을 수 있게 해 주거나 중고 장터 등을 이용할 수 있는 게시판을 3년 정도 운영했죠. 그게 다 무료니까 계속 대기 중인 회원이 많았고요. 그런데 컴퓨터가 영업용 전화를 계속 쓰다 보니 아버지한테 오는 전화가 다 차단되는 상태였어요. 그때는 통신을 사용하면 전화 연결이 끊겼답니다. 그래서 많이 혼났죠. 그런데 결국은 아버지가 전화선을 하나 더 내주었습니다. 당시 전화선을 하나 더 쓰려면 25만 원 정도 내야 했는데 어려운 상황인데도 그렇게 해 준 거죠. 대부분 저한테 알아서 하라는 분위기였기 때문에 창업을 빨리할 수 있었던 것 같습니다.

제가 경쟁력을 가지게 된 배경 중 하나는 국방의 의무를 다하면서 경력을 쌓은 것이 컸다고 봅니다. 그 기회를 잘 살려서 3년이라는 기간을 헛되이 보내지 않았기 때문에 이 자리까지 올 수 있었다고 생각해요. 그래서 지금도 당시 저를 뽑아 준 상무 이사와 연락도 하고 인사도 드리면서 지내고 있어요. 그런 고마운 분들에게도 나중에 또 제가 또 다른 출구 전략, 즉 엑시트를 하게 되면 상생할 수 있는 자리를 만들고 싶다는 바람을 갖고 있습니다.

또 다른 동인은 상상력입니다. 제 오래된 습관 중 하나인데, 어떨 때는 하루에 6시간 이상 멍하게 상상만 할 때가 있을 정도로 머릿속 여행을 즐기는 편이에요. 그런데 그 상상이 상상만으로 끝나면 아무것도 아니지만 기술과 결합하면 정말 놀라운 결과로 이어집니다. 앞서 우리가 만든 제품이 코로나19 위기 속에서 빛을 봤다고 이야기했는데요. 사실 코로나19가 터질지는 아무도 몰랐잖아요? 금융 위원회에서 로보어드바이저 테스트 베드를 만든다는 것 역시 창립 당시에는 전혀 짐작도 못 했던 일이고요. 그렇지만 저는 상상 또는 생각을 통해 앞으로는 인공 지능이 돈을 가지고 투자할 수 있는 세상이 온다고 확신했었어요. 그래서 미리 만들어 둔 건데 타이밍이 잘 맞아떨어지면서 금융 위원회 테스트 베드에서 좋은 성적을 거두게 된 거죠. 운이 정말 좋았다고 생각합니다. 첫 대회였기 때문에 대기업이 모두 참전했을 수도 있거든요. 굴지의 대기업들이 참여한 대회에서 1등을 했기 때문에 더 주목받았고요.

그리고 제자들이 만들었던 아이템들도 SF 영화 속에 나온 미래의 기후 위기를 상상하다 만든 거였잖아요. 그런데 예기치 않게 코로나19가 터져서 얼떨결에 유리한 상황이 된 겁니다. 운이 좋기도 했지만 상상의 힘이 아니었다면 그 운 좋은 타이밍에 제품을 출시하지 못했을 거예요. 저는 여전히 상상을 즐깁니다. '앞으로 다가오는 세상은 어떤 모습일까? 어떻게 하면 더 수익을 낼 수 있을까? 어떻게 하면 우리가 더 경쟁력을 가질까? 내 부족한 능력을 어떻게 하면 다른 사람으로 채울 수 있을까?' 그런 상상을 계속하다 보니까 제자도 키우게 된 거고, 제자들한테 진정성 있게 대하다 보니까 그 친구들도 저를 따르게 된 거고, 또 그들과 함께했기 때문에 지금의 제가 있게 되었습니다.

마지막으로 하고 싶은 말은 사람에게 투자하라는 것입니다. 오래전 만난 제자들이 아직도 제 곁에 있다는 게 저로서는 정말 고마운 일이자 큰 자산입니다. 얼마 전에 "어떻게 이렇게 나를 믿고 잘 따라 주냐?" 하고 물어보니까 처음 만났을 때 이야기를 하더라고요.

처음에 멘토링을 통해 학생들을 만났을 때 한 일은 별거 없어요. 그냥 함께 밥을 먹은 거였죠. 학생들이라 돈이 없을 때니까 맛있는 걸 먹고 싶어도 못 먹는 친구들이 많잖아요. 그래서 스터디나 일이 끝나고 나면 무조건 뭐 먹고 싶으냐 묻고 맛있는 걸 먹으러 갔었어요. 그렇게 먹는 재미가 있으니까 그 친구들이 저와 공부하면 재미있다는 거예요. 그래서 만나면 항상 북적북적했어요. 제자 23명도 처음부터 23명이 온 게 아니에요. 처음에 4명이 왔는데 그 4명이 친구들을 데리고 와서 8명이 되고, 8명이 또 친구들을 데리고 와서 16명이 된 거예요. 그런 식으로 늘어서 23명이 된 거지, 처음부터 정원 23명 이런 식으로 모집한 게 아니었죠. 그런데 23명이 다 같이 밥 먹으면 보통 40~50만 원가량 쓰게 되어요. 술을 마시면 100만 원은 나가고요. 한 번은 스키장에도 갔는데 복장부터 숙소까지 다 빌려야 하니까 1,000만 원을 쓰기도 했어요. 그렇게 그 친구들이 함께 놀 수 있는 환경, 어울릴 수 있는 환경을 많이 제공했는데 그게 정말 고마웠다고 했습니다.

조금만 더 자랑하면, 제자들이 저를 따르게 된 결정적인 이유가 있습니다. 한때 이 친구들이 오토바이를 타고 출퇴근했어요. 어느 날 한 명이 중고 오토바이를 구해 타고 다녔는데 다른 친구들도 모두 따라서 사더라고요. 그런데 제 눈에는 너무 위험해 보였거든요. 비 오는 날 미끄러져서 사고라도 나면 큰일이다 싶어서 오토바이를 강제로 팔게 한 뒤 경차를 사 줬어요. 그런데 그게 이 친구들 입장에서는 무척 고마웠던가 봐요. 사실 경차라서 좋아할까 싶었는데 차가 생겼다고 다른 친구들한테 자랑도 했대요. 특히 할머니를 모시고 병원에 다녀야 하는 친구도 있었는데, 차가 생기니까 모시고 다니기 좋아졌다며 너무 기뻐했지요. 그런 과정이 쌓여 일종의 에코 시스템이 만들어졌다는 생각이 듭니다. 사람에게 투자하는 게 정말 가치 있게 돈을 쓰는 길이라는 사실을 저 역시 그 친구들을 통해 많이 느꼈습니다.

예전에 비하면 우리 회사의 직원 수도 많이 늘었습니다. 그중에는 잠깐 일하다 가는 친구도 있고 뺀질뺀질하고 일을 제대로 안 하는 친구들도 있어요. 하지만 또 제 진정성을 알아주고 열심히 하는 친구들이 있는 덕분에 회사가 지금까지 잘 유지되고 있겠지요. 특히 아직 제 곁에 남아 있는 제자들이 핵심 멤버로 있어서 앞으로도 더 무궁무진하게 발전할 거라고 믿고 있어요.

앞서 말씀드린 것처럼 우리가 만든 인공 지능 제품은 어떻게 보면 세상을 바꾸고 싶어 만든 제품이기도 해요. 면접 문화라든지 취업 문화를 바꾸는 일은 결국 세상의 변화로 이어질 수 있는 것들이니까요. 그런데 이런 문제를 우리 회사 힘만으로 바꿀 수는 없습니다. 이 글을 읽는 청소년들과 함께 앞으로도 다양한 사회 문제를 해결해 나가고 싶습니다.

Q. 아버지가 할아버지 간섭에 힘들어한 상황이라 자녀들에게 자율권을 줬다고 했는데, 보통 그런 경우 할아버지를 미워하면서도 닮거든요. 그런데 아버지는 정말 자율권을 줬어요. 그만큼 아버지가 아들을 신뢰한 것 같은데 그런 신뢰는 어떻게 얻을 수 있었나요?

A. 저는 어릴 적부터 뭔가 빠지면 미친 듯이 하는 스타일이었어요. 컴퓨터에 빠지기 전에는 야구에 빠져 있었거든요. 날마다 친구들을 불러서 야구를 미친 듯이 했었는데, 그 모습을 보고 얘가 하나에 집중하면 뭐든 열심히 한다고 생각한 것 같아요. 그래서 컴퓨터를 사 준 뒤에 제가 컴퓨터에 빠져 있고 졸면서 학교에 가도 내버려 두고 별로 간섭하지 않았던 게 아닐까요.

Q. 고등학교 졸업 후 사업을 하겠다고 하면 일반적으로는 일단 대학부터 가라고 권하기 쉬운데 부모님이 말리지는 않았나요?

A. 어머니가 반대를 많이 했고 아버지도 처음에는 조금 반대하긴 했습니다. 그런데 당시 운영하던 카센터가 잘 안됐기 때문에 대학 진학보다는 나가서 돈을 벌기를 원하는 마음도 조금 있지 않

았을까 하는 생각도 듭니다(웃음).

Q. 진로를 찾아가는 과정에서 사람과의 만남, 사람에 대한 관심, 이런 것이 기술만큼이나 늘 옆에 붙어 다녔다는 느낌이 드네요. 결국 사람에 관한 지속적인 관심이 제품을 만드는 것으로까지 이어진 게 아닐까요?

A. 물론 그런 면도 있습니다. 특히 청년들에게 선행적으로 투자하면서 결국 이득을 보지 않았습니까? 그 친구들 덕에 정부 지원을 받기도 했고 법인세도 면제받을 수 있었으니까요. 또 그 친구들이 저를 믿고 경영상의 애로 사항을 말했기에 결과적으로 제가 그 친구들의 회사를 다시 인수하게 되었고 회사의 규모를 더 키울 수 있었지요. 결국은 그 친구들에게 썼던 20억이 100억, 200억을 벌 수 있는 시너지로 돌아온 거로 생각합니다. 그래서 지금도 그 친구들한테 고마움을 느끼고 있어요. 그 친구들도 상대적으로 저한테 고마움을 느끼고 있어서 시너지 효과가 지속되고 있다고 생각해요.

Q. 챗GPT가 사람의 능력 혹은 직업을 상당 부분 대체하니 두려움이 생깁니다. 기술의 발전이 창업할 때 도움이 될 수도 있지

만, 또 다른 많은 부분에서는 사람들의 일자리를 뺏거나 대체할 수 있잖아요. 인공 지능과 창업의 관계에 관해 묻고 싶습니다.

A. 물론 인공 지능에 잠식되는 직업이 아주 많을 거라는 생각이 듭니다. 새로운 산업이나 AI를 통해서 새로운 경향에 따라가야만 살아남을 것이고, 우리가 지금껏 공부해 오고 준비했던 모든 과정이 필요 없어지는 순간이 분명히 올 겁니다. 그래서 공부하는 방법부터 경험을 쌓는 방법, AI를 활용하는 방법 등에 대해 지금부터 생각해야 해요. 내게 유리한 것, 내 직무에 맞고 적성에 맞는 것을 빨리 찾아서 대비해야 한다고 생각합니다. 조금 극단적으로 말하자면 앞으로 세상이 둘로 나눠지겠죠. AI를 지배하는 사람과 AI에 지배당하는 사람. 그런데 AI를 지배하려면 코딩을 배운다고만 되는 게 아니고 AI가 가지지 못하는 창의적인 활동, 사람만이 가지고 있는 직감, 사람만이 즐길 수 있는 문화 등을 길러야 해요. 그것이야말로 AI가 따라올 수 없는 부분이거든요. 그래서 기존 방식을 고집하는 자세는 말리고 싶어요. 즉, 암기식 교육을 지금까지 한다든지 아니면 앞으로 사라질 직종에 계속 투자한다든지 하는 행동은 지양하고 빨리 방향 전환을 해야 한다고 생각합니다.

Q. 주위 사람에게 베푸는 것이 쉬운 일은 아닐 텐데 특별히 사람을 잘 챙기는 이유가 있나요?

A. 저는 돈을 버는 것보다 쓰는 걸 좋아합니다(웃음). 어릴 적부터 많이 벌면 많이 썼는데, 그게 저를 위한 것뿐만 아니라 제자들이나 가족들이나 친구들을 제 사람으로 만들 수 있도록 해 주더라고요. 돈을 쓰되 잘 써야 한다는 생각을 품고 있다고 할까요. 그래서 '천 원을 쓰든 만 원을 쓰든 의미 있게 쓰자.'라고 생각했어요. 특히 교육처럼 어떤 사람의 생활 방식을 바꿀 수 있는 영역에 쓰는 게 가치 있다고 생각했기 때문에 그렇게 투자할 수 있었고요. 앞서 말한 것처럼 톡톡히 효과도 봤습니다. 그런 재미를 봤기 때문에 지금도 잘 쓰고 있고, 앞으로도 그럴 겁니다.

Q. 사업 과정에서 생긴 슬럼프를 어떻게 극복했는지 궁금합니다.

A. 신용 불량자가 되었을 때 3개월 정도 슬럼프가 있었습니다. 갑자기 돈을 많이 벌다가 또 갑자기 거지가 된 꼴이었죠. 삶의 의미를 다 잃은 것 같았어요. 창피해서 어디 말하지도 못했고요. 부모님도 제가 신용 불량자가 되었다는 사실을 몰랐어요. 알게 되면 걱정할까 봐 말을 안 했죠. 혼자 끙끙 앓으면서 3개월을 보냈습니다. 결국은 생각을 바꾸는 것 말고는 답이 없었습니다. 내가

이 위기를 못 견디고 자포자기하면 그걸로 그냥 끝인 거예요. 그래서 그 순간에 '나는 반드시 다시 일어설 거야. 부채 때문에 지금은 마이너스지만 그건 그냥 숫자일 뿐이야.' 이런 식으로 마음을 바꿔 먹었습니다. 또, 횡령 같은 불법적인 일을 한 게 아니기 때문에 빚을 갚지 못했다고 구속되지는 않잖아요. 그걸 알고 나서는 마음이 조금 편해졌어요. 제게는 불행을 행복으로 바꾸는 긍정적인 태도가 있는 것 같습니다.

Q. 학벌에 따른 차별 같은 사회적 시선을 경험한 적이 있는지, 그럴 때 어떻게 느꼈는지 궁금합니다. 그런데도 남들이 가는 똑같은 길을 가지 않았던 이유가 알고 싶어요.

A. 저 자체가 하나의 생산성을 가지고 있고 경쟁력이 있다고 생각했기 때문에 스펙에 대한 차별을 크게 느끼진 않았어요. 그러니까 관심 있는 삶의 영역과 직업 세계 속에서 '저 문제만큼은 내가 제일 잘 풀어.' 하는 자부심이 있어야 합니다. 그럴 때 스펙과 학벌에 대한 부담과 압박을 스스로 넘어설 수 있어요. 급여에 대한 차별은 조금 있었어요. 그래도 병역 특례 때 연세대를 나온 사람과 제 급여 차이가 10만 원밖에 안 나더라고요. 학력 수당 10만 원이 더 나온 건데 계산해 보니까 대학에 안 가는 게 훨씬 유리하구나, 생각이 들었어요. 대학에 가면 1년에 1,000만 원 이

상 들잖아요. '4,000만 원을 들여 대학을 졸업하는 건데 급여 차이가 10만 원밖에 안 난다고?' 이렇게 생각했던 적이 있습니다. 비용 측면에서만 보면 오히려 대학을 안 가는 게 가성비 있는 거죠. 물론 스펙이 없어서 정부 지원에서 많이 떨어지기도 했어요. 그때는 좌절하기도 했는데, 금융 위원회 테스트 베드에서 1등을 하고 나니 전 세계에서 환영해 주는 거예요. 비슷한 상황에서 우리나라 사람들은 의심을 더 많이 하는데, 외국 사람들은 호기심을 품더라고요. 어떻게 삼성을 이겼는지 많이들 궁금해했어요. 어떻게 보면 그 과정에서 자연스럽게 스펙이 생긴 거죠. 사람들이 일반적으로 쌓는 스펙이 모두가 바라는 스펙 같지만, 사실 특이점이 없어요. 특이한 스펙이 생기면 그 스펙을 통해서 좋은 사람들을 만나게 되고, 그게 또 나만의 매력이 될 수 있답니다.

Q. 마지막으로 하고 싶은 말이 있다면?

A. 교사라는 직업은 남들보다 먼저 경험하고, 남들보다 먼저 그 과정을 겪으면서 자신의 노하우를 갖춰야 한다고 생각합니다. 그래서 교사들이 학벌이나 단편적인 지식을 강조하기보다는 학생들에게 시간이 만들어 낸 지혜와 경험을 제대로 전수하는 일이 중요합니다. 또한 이를 전수할 때도 효과적인 방법으로 해야겠지요. '잘하면 ○○줄게.' 하는 게 아니라, 잘되든 잘못되든 상관

없이 '이거 줄 테니까 한번 해 봐.' 하면서 항상 격려하면 좋겠어요. 이를테면 당근을 먼저 주는 것이 중요하다는 이야기지요. 교사가 이와 반대로 생각하고 가르치면 학생들을 보수적이고 폐쇄적인 성향으로 이끌 수도 있으니까요. 우리 기성세대가 먼저 나서서 후속 세대에게 베풀고 시도하는 교육 문화를 만든다면, 학생들의 삶은 더욱 좋은 방향으로 바뀔 수 있다고 확신합니다.

더 알아보기

인공 지능이란?

말 그대로 '기계로 만들어진 사람의 두뇌'라는 뜻이다. 사람이 할 수 있는 학습, 추론, 자기 계발 등 지능적인 행동을 인공적으로 구현하기 위한 기술 혹은 그 연구 분야 등을 총칭하는 용어로 사용된다. 인공 지능은 바둑 시합에서 이세돌 9단을 이겼던 구글 알파고로 인해 세상에 널리 알려졌다. 현재 많이 쓰는 애플의 '시리', 삼성의 '빅스비', 구글의 '어시스턴트' 역시 대표적인 인공 지능이다.

머신러닝과 딥러닝이란?

인공 지능을 가능하게 하는 기술이다. 머신러닝machine learning은 컴퓨터가 방대한 데이터를 분석하고 학습하는 과정을 통해 패턴을 찾는 방식을 말한다. 딥러닝deep learning은 머신러닝의 한 분야로, 컴퓨터가 스스로 학습하며, 복잡한 문제를 해결할 수 있게 하는 기술이다. 빅데이터를 처리하는 데 쓰인다.

테스트 베드란?

어떤 것을 세상에 내놓기 전에 그것이 성공할 수 있을 것인지 미리 알아보기 위해 시험적으로 적용해 보는 영역을 말한다. 즉, '어떤 시험을 하기 위해 실제와 같은 환경을 만들어 놓고 실험하는 경우, 결과 예측이 가능한 실제와 비슷한 가상 환경'이라 할 수 있다. 신기술 분야에서 자주 사용되는 용어로 시험 무대, 가늠터 등의 용어로 바꿔 쓸 수 있다.

블루바이저시스템즈에서 하는 일?

한국 1위, 뉴욕 1위로 선정된 인공 지능 솔루션을 개발 및 공급한다. 대표 프로그램은 다음과 같다.

● 하이버프 인터뷰: 인공 지능을 활용하여 공정한 면접을 이끌 수 있도록 만든 프로그램. 채용 관리를 수월하게 만들고, 시간 절약을 돕는다.

● 하이버프 재테크: 인공 지능이 재테크를 수행하여 직간접 투자의 문제점을 해결하고, 자동화된 인공 지능을 통해 시간적·정신적 스트레스를 줄이는 프로그램이다.

5.

여전히
실험
중입니다

오픈놀,
권인택

다섯 번째 만남 : 권인택

실쾌가 아니고
과정일 뿐

#5년만에대학입학 #전공4개
#진로교육 #취업교육 #자유학기제
#채용체험플랫폼 #미니인턴

권인택이 걸어온 길

한글보다 한문을 먼저 배운 어린이 → 삼수 → 입대 → 고교 졸업 후 5년 만에 대학 입학 → 누구보다 열심히 대학 시절을 보내다 → 미국과 유럽의 명문 대학 투어 → 대기업 인사 팀 근무 → 진로 교육 스타트업 오픈놀 시작 → 계속해서 실험 중!

진로 선택을 앞둔 당신에게

66 나를 표현하는 다섯 가지, 즉 성격, 적성, 능력, 흥미, 가치관이라는 요소가 있지요? 그중 나랑 맞는 일을 찾을 때는 성격, 적성, 능력으로 먼저 찾아야 합니다. 흥미와 가치관은 바뀔 수 있거든요. 99

여전히 실험 중입니다

저는 '오픈놀'이라는 스타트업 대표 권인택입니다. 오픈놀은 '자기만의 가치를 찾아 주자.'라는 비전으로 프로그램을 시작해서 지금은 '미니인턴'이라는 인사 서비스 플랫폼을 운영하고 있습니다. 진로 교육과 취업 교육, 기업 교육까지 하고 있으니 하는 일이 아주 많아 보이지만, 핵심은 하나입니다. 바로 개개인의 가치를 찾아 주는 것입니다. 그 핵심 가치를 직무와 연계해 이야기하자면, 먼저 중학교와 고등학교에서 진로 교육을 진행합니다.

이렇게 진로 교육을 받았던 중고등학생이 대학생이 되어서 다시 찾아오기도 합니다. 그래서 대학생들을 대상으로 진로 교육을 하다 보니 그게 취업 교육과 창업 교육이 되었습니다. 그런데 이런 교육을 계속하다 보니 시장이나 트렌드의 변화가 눈에 들어오더군요. 입시나 채용 시장에서 학력과 스펙을 지나치게 강조한 결과, 점점 노동 시장이 해체되기 시작했다는 점 말입니다. 그런 상황을 인지한 결과로 미니인턴이라는 체험 플랫폼이 나오게 되었습니다. 미니인턴 서비스가 무엇인지 궁금하고요? 구체적으로 말하기 전에 먼저 제 소개를 간단히 하겠습니다.

조금은 독특한 성장 과정

저는 한글보다 한문을 먼저 배웠습니다. 할아버지가 서당 훈장님이셨거든요. 학교 들어가기 전에 『천자문』, 『사자소학』, 『소학』, 『동몽선습』, 『논어』, 『맹자』, 『대학』, 『중용』 같은 책을 공부했어요. 그래서인지 제 또래와는 조금 다른 모습으로 성장기를 보냈습니다. '천지간 만물지 중에(세상에 있는 온갖 것들 중에)……' 이런 문구를 계속 외우고 뜻을 알아 가다 보니 더 그랬던 것 같아요. 이해되지 않는 현상에 대해 의문을 품고, 질문을 던지는 습관이 생긴 거지요. 그 영향인지는 모르겠지만 종교에 대한 고민도 많이 했던 것 같습니다.

게다가 저는 또래 친구들과 비교해 대학 생활을 늦게 시작했습니다. 삼수를 한 데다 군대에 다녀온 뒤에 대학에 들어갔기 때문입니다. 그러니까 보통의 경우보다 거의 5년 늦게 대학을 간 거나 마찬가지였어요. 그 기간이 저에게는 일종의 갭이어(gap year) 시기였던 것 같습니다. 갭이어란 본래 고등학교를 졸업한 후 바로 대학에 진학하지 않고 다양한 경험을 쌓는 한 해를 말합니다. 잠시 학업을 중단하고 봉사나 여행, 진로 탐색, 인턴, 창업 등 재충전의 시간을 체험하며 앞으로 나아갈 방향을 설정하는 기간을 뜻해요. 보통 대학에 입학하면 이제 수험생 신분에서 벗어났으니 좀 놀고 싶다고 생각하잖아요. 그런데 저는 '5년 동안 충분히 쉬었다.' 생각했기 때문에 공부나 자기 계발에 대한 욕구가 더 강했습니다. 의도한 건 아니지만 대학에 들어오기 전 자연스럽게 갭이어를 경험했고, 그 덕분에 대학에 가서 나아가야 할 방향을 찾을 수 있었던 거죠.

돌이켜 보면 한 우물을 파는 스타일은 아니었습니다. 어쩌다 보니 군대도 두 집단을 경험했고, 대학과 대학원에서 모두 4개의 전공을 이수했고, 또 일과 관련해서도 대기업 인사 팀에서 근무하다가 스타트업을 창업했으니까요.

다른 사람들보다 늦게 대학 생활을 시작한 만큼 해 보고 싶은 게 참 많았습니다. 그래서 대학에 들어간 뒤에는 계획한 대로 정말 열심히 살았습니다. 시간을 허투루 쓰지 않기 위해 스스로 5대 미션을 세우기도 했지요. '학문에 미쳐라, 종교에 미쳐라, 여행에 미쳐라, 이성에 미쳐라, 돈에 미쳐라.'가 바로 제 미션이었습니다. 목표를 가지고 집중하기 위해 미션을 정했던 건데 어느 정도는 이루었습니다.

5대 미션을 지키기 위해 여러 학과를 복수 전공하며 도서관에서 2년 동안 붙박이처럼 살았습니다. 『성경』, 『반야심경』을 비롯해 여러 종교의 경전을 탐독하기도 했고요. 어릴 때 배운 유교 경전을 다시 정독하는 한편, 노자와 장자에도 관심을 가지고 사상을 탐구했습니다. 또 한때는 인도의 자이나교에도 관심이 생겨 종교 사상을 공부하기도 했고요.

대학까지 와서 스스로 선택한 공부를 하는 대신 그냥 교수님 강의만 듣는 게 맞는지 고민하기도 했습니다. '이제는 내가 하고 싶은 공부를 해야 한다. 교수님 강의를 그저 듣기만 하는 거라면 왜 대학 등록금을 냈을까.' 이런 생각이 많았던 것 같아요. 만약 고등학교를 졸업하고 바로 대학에 갔으면 저 역시 아무 생각 없이 받아들이고 다녔을 거예요. 하지만 입학 전 공백기가 길다 보니 보는 시선이 달랐습니다.

그러던 중 5대 미션 '여행에 미쳐라'를 위해 여행을 떠났습니다. 관광 목적의 여행보다는 테마가 있는 여행을 하고 싶어서 미국 동서부의 명문대와 유럽의 명문대를 중심으로 대학 투어를 했지요. 하버드, 예일, UC, 버클리, 스탠퍼드 등 미국의 유수한 대학을 돌아다니며 잠깐이지만 다른 나라의 교육 시스템을 경험할 수 있었습니다. 낯선 문화와 교육 시스템에 신선함을 느끼기도 했고, 충격도 받았어요. 예를 들면 한 수업에 교수님이 두 명 들어오는 강의도 있었고, 교수님의 강의를 반박하는 주장으로 질문하는 학생도 많았습니다. "내가 당신 논문 찾아서 읽어 봤어. 그런데 이 논문의 이런 내용에 대해서 나는 아니라고 생각해." 이런 식으로요.

영국 옥스퍼드대학교의 PPE 과정도 인상 깊었습니다. PPE란 철학(Philosophy), 정치학(Political Science), 경제학(Economics)을 융합적으로 탐구하는 전공이에요. PPE 과정의 존재를 알고 나니 우리나라에서도 해 보고 싶더군요. 생각해 보니 문사철(文史哲)이라는 결론이 나왔습니다. 그래서 문에 해당하는 영어영문학, 사에 해당하는 정치외교학, 철에 해당하는 철학 이렇게 3개를 전공하기로 마음먹고 공부했습니다. 제 나름대로는 '학부에서 학문의 기본이 되는 문사철을 공부하고, 대학원에서 내가 진짜 하고 싶은 공부를 해보자.' 하는 생각이었어요. 대학원은 창업을 한 뒤에야 뒤늦게 갔지만요 대학원에서는 인적 자원 개발학(HRD)을 전공했습니다. 창업하고 나서 팀원들의 조직 역량 개발에 대한 고민이 많았고, 미니인턴 플랫폼을 시작해야 한다는 생각이 계속 있었기 때문이에요. 공부한 내용을 가지고 오픈놀 안에서 실험해 본 결과가 미니인턴 서비스로 나왔다고 할 수 있습니다. 즉, 미니인턴은 우리 회사에 필요해서 만들어진 서비스라고 할 수 있어요. 사업 확장을 위해서가 아니라 저와 직원들을 위해 만들었던 거죠.

마지막 특징으로, 제 부모님은 공부하라는 말을 한 번도 안 했습니다. 너를 믿는다는 이야기를 자주 했는데 가만히 생각해 보면 그게 기업가들이 공통적으로 이야기하는 부분입니다. 저도 입시 교육 세대지만 학교 환경이 아무리 열악해도 부모님이 자녀를 믿어 주고, 하고자 하는 일을 지지해 주면 그게 큰 힘이 되어서 힘든 부분이 있어도 뚫고 나가게 되니까요.

오픈놀이라는 기업의 성장 과정

저 역시 대학만 가면 미래의 모든 일이 해결될 거라고 막연히 생각했던 시절이 있었어요. 그런데 그 믿음이 깨지는 상황이 여럿 생겼습니다.

오픈놀은 에듀테크 스타트업으로서 교육에 IT 솔루션을 연계

시킨 사업으로 출발했습니다. 회사를 창업한 게 2012년이었는데요, 처음에는 학생들의 진로 교육을 돕는 서비스로 시작했어요. 진로 교육 역시 핵심적인 기술은 미니인턴 서비스예요. 미니인턴이라는 이름의 서비스가 실제로 시작된 것은 2017년이지만, 2012년부터 그런 프로젝트 베이스로 운영하는 문제 해결형 교육을 시작했으니까요.

지금은 100명이 훌쩍 넘는 직원이 오픈놀이라는 우산 아래 같이하고 있습니다만, 처음에는 10명의 인원으로 단출하게 시작했습니다. 교육을 통해서 직무 관련 트렌드를 바꿔 보자는 취지로 시작했는데, 대다수 스타트업이 그런 과정을 밟겠지만 힘든 고비가 참 많았습니다. 특히 처음 6~7년은 인고의 시간이었어요.

회사에 위기가 찾아오면 처음에 설정했던 방향성을 잃게 되는 경우가 많습니다. 오픈놀에도 그런 위기가 여러 차례 있었습니다. 사회적 가치를 추구하는 것이 당연하다고 생각하면서도 한편으로는 너무 사회적 가치라는 용어를 앞세웠던 건 아닌지 고민이 많았지요. 그럴 때마다 처음에 품었던 가치나 방향을 잃지 말자고 다짐하며 서비스를 개선하는 데 주력했고, 다행히 위기를 잘 넘기고 성장했습니다. 이제는 진로 교육을 넘어 기업을 상대로 다양한 투자를 하거나 발굴하는 사업까지 진행하고 있지요.

직업에 대한 개념 자체가 많이 변했고, 또 계속 변화해 가는 상황입니다. 요즘은 긱 이코노미 시대라고 하죠. 직업 없이 아르바이트를 하더라도 '일할 때는 일하되 삶을 즐길 수 있어야 해.'라는 가치를 지닌 사람이 많아진 데다 평생직장이라는 개념이 사라졌지요. 고령화 사회로 접어들면서 시니어 일자리가 화두로 떠오르기도 했고요. 그분들은 이제 평생직장의 개념이 아니라 본인만의 업을 원합니다.

미니인턴이라는 서비스를 시작한 배경에는 변화해 가는 직업 트렌드의 길목을 먼저 잡아 보자는 마음이 있었습니다. 많은 일을 경험해 보는 게 중요하다고 생각합니다. 이를 위해 청소년은 다양한 진로 체험을 업무 경험으로 바꿔서 실습하도록 했고, 대학생이나 취업 준비생은 입사하고자 하는 기업의 과제를 체험할 수 있는 프로그램을 만들고 운영해 왔지요. 또 시니어들이 창업하기 전에 시뮬레이션해 볼 수 있도록 하고 있어요. 그분들의 업무 경험과 관련된 사업을 찾고 미리 경험하도록 시도하는 중입니다.

시행착오 끝에 얻은 결과

우리 회사는 앞서 밝혔듯이 '자기만의 가치를 찾아 주자.'라는 취지를 품고 있습니다. 그동안 많은 일이 있었지만, 이 방향만큼은 한 번도 변한 적이 없어요. 이 목적을 중심으로 사업 내용이 확장되었다고 볼 수 있지요. 하지만 어디까지 포용할 수 있는가에 대한 가치관의 충돌은 많았습니다.

처음 창업했을 때는 아직 내용을 충분히 갖추지 않았는데도 나라에서 주는 상을 많이 받았습니다. 인공 지능이나 데이터 마이닝(data mining: 데이터에서 미래에 실행 가능한 정보를 추출하는 작업 과정)을 이용한 사업이 그저 좋게만 보이던 시절이에요. 그래서인지 언론의 관심도 많이 받았지요. 그런데 나라에서 주는 상을 계속 받고 또 언론에 자주 노출되니 우리 스스로도 잠깐 착각했던 것 같습니다. 아직 서비스도 만들어지지 않았고 매출도 없는 상황인데, 뭔가 하고 있다고요. 사실 사업을 잘하는 것과 상을 받는 것은 완전히 다른 의미인데 말입니다.

학벌이나 스펙 중심의 패턴에서 벗어나 진로를 찾도록 돕고, 기업과 개인 모두 상생할 수 있는 서비스를 만들자는 목적으로 시작했는데, 어떻게 보면 우리가 또 다른 스펙과 허위에 가담하는 것 같은 상황이 펼쳐진 것이지요. 마치 가짜 포장지를 두르고 있는 것 같았습니다. 그래서 그런 가짜에 익숙해지지 말자고 다짐했습니다. 장기판으로 비유하자면, 차 떼고 포 떼고 다 뺐을 때도 이 서비스가 진짜 괜찮은 건지, 거짓 없이 한 사람의 역량을 판단할 수 있는 지표가 될 수 있는지를 냉철하게 판단해 보자고 결심하면서 모든 언론과의 접촉을 끊었습니다. 비로소 서비스를 실제로 만들기 시작했지요.

이후 별생각이나 고민 없이 대학 진학에만 집중하고 있는 청소년 문제부터 해결해 보자는 마음으로 청소년 대상 진로 캠프를 열었습니다. 그런데 이런 캠프를 진행하는 회사가 생각보다 너무 많은 거예요. 그래서 포화 상태인 단기 캠프 대신 학교 교과 과정에 들어갈 수 있는 2주 과정, 1개월 과정, 3개월 과정 프로그램을 만들어 학교에 공급했습니다. 처음에는 봉사한다는 개념으로 6개월 정도 무료로 진행해 보기로 했는데 시간이 금방 흐르더라고요. 그래서 조금만 더 해보자, 하다가 1년 6개월이 흘렀습니다. 1년 반이나 무료로 진행하다 보니 여러 가지 문제가 생겼고요. 이대로 접어야 하나 고민하던 차에 300만 원이라는 수익금이 들어왔습니다. 이 300만 원도 학교 측에서 배려하는 차원에서 준 거라 고마운 상황이었지만, 10명이 300만 원을 나눠 가지다 보니 상황이 말이 아니었지요. 결국 함께하던 팀원들이 하나둘 떠나기 시작했습니다.

그때가 자유학기제라는 교육 정책이 막 시행되던 시기였는데요. 처음에 42개 시범 학교가 선정되었는데 그중 열몇 개 학교에서 우리 프로그램을 무료로 진행하고 있었어요. 자유학기제는 중간고사, 기말고사를 다 없애 버리고 한 학기 동안은 진로 체험을 할 수 있게 만들자는 취지로 시작된 정책입니다. 그 정책이 처음 시행되다 보니 교사들도 어떻게 운영해야 할지 잘 몰라서 우리 회사에 알아서 해 보라고 맡겨 준 거였지요. 그래서 여러 분석 프로그램과 함께 진로 체험 프로그램을 64가지 정도 만들었고 2주 과정, 1개월 과정, 3개월 과정 중에서 선택할 수 있도록 한 뒤 프로그램을 진행했어요. 다행히 반응이 좋아서 처음에 열몇 개 학교에서 진행하던 게 다음 해에 1,200개 학교로, 또 그다음에 2,300개로 늘어났습니다. 300만 원이었던 수입이 1억, 3억으로 늘게 되었죠.

이렇게 많은 학교를 상대로 진로 프로그램을 진행하다 보니 마이스터고등학교처럼 취업을 바로 앞둔 학생들과도 만나게 되었습니다. 당시 인기 드라마였던 〈미생〉에 나오는 신입 사원 장그래가 겪는 상황과 비슷한 처지에 놓인 친구가 생각보다 많더라고요. 아무리 똑똑한 친구들도 처음에 군대에 들어가면 뭘 어떻게 해야 할지 몰라 두렵고 막막한 것처럼, 회사에 갓 들어간 신입 사원들도 마찬가지입니다. 처음에 회사나 직업 현장에 가면 잘 모르니까 당황스러운 일이 많이 생길 수밖에 없지요. 학생들의 고민을 들으며 이런 부분을 미리 경험할 수 있는 서비스 플랫폼을 만들면 좋을 거란 생각에 팀원들과 머리를 맞대고 고민하기 시작했습니다.

자기소개서 쓰는 법, 취업 스킬 기르기 등 취업 준비생을 위한 도구는 많은데 직무 에티켓이나 직무 역량을 키우는 도구, 입사 후 적응을 돕는 도구는 없었으니까요. 대학생들도 상담 중에 비슷한 고민을 털어놓는 경우가 많았습니다. 그래서 실제로 현장에 가면 어떻게 해야 하는지 시뮬레이션하도록 도와주자는 생각으로 프로그램을 진행했어요.

그 외에도 다양한 교육 프로그램 개발을 시도했는데요. 몇 가지 소개해 보겠습니다. 직장 생활을 하다 보면 관성에 빠지기 쉽습니다. 실제로 많은 사람이 그렇게 살아갑니다. 직장과 집을 무기력하게 오가며 '때 되면 진급하겠지.' '중간만 하자.' '오버 하지 말자.' 이런 생각으로 직장을 다니는 사람이 아주 많아요. 그런데 계속 그렇게 살다 보면 사회라는 족쇄에 갇힌 '오피스 좀비'가 되기 쉽거든요. 말 그대로 생계형 직장인이 되는 거죠.

그렇게 되면 사회도 개인도 발전이 없습니다.

이런 문제를 해결하기 위해 체념의 사슬, 즉 관성에 빠지는 자기 제약을 푸는 방법을 개발한 적도 있었습니다. 4평 남짓한 비좁은 공간에서 라면을 먹으면서 10명의 팀원이 개발한 서비스예요. 하지만 보기 좋게 망했습니다(웃음).

회사를 만들고 나서 이런 시행착오를 여러 번 거쳤는데, 매출이 없다 보니까 이런저런 유혹도 많았습니다. 특히 사교육 분야에서 활동하자는 제안이 제법 많았지요. 하지만 처음에 세운 방향을 잃지 않으려고 노력했기에 다른 곳으로 새지 않고 직무 역량 데이터를 수집하는 일에만 집중했습니다.

그러다가 연세대학교 송도 캠퍼스에서 학생 대상으로 비전 프로그램을 진행하게 되었어요. 1학년 전체 학생을 대상으로 프로그램을 진행했는데, 그때 모은 데이터가 우리 프로그램을 만드는 데 큰 도움이 되었습니다.

그 후 이 교육 프로그램을 당시 초중등 학생들을 대상으로 실험해 봤습니다. 학생들에게 코딩을 가르치는 프로그램이었는데, 어린 학생들에게 '스크래치 프로그램과 스마트폰 센서를 이용한다'고 말하면 너무 어려우니까 그냥 '느낌을 아는 휴대폰'이라고 설명했어요. 근거리 블루투스 통신인 비콘(beacon: 위치 정보 전달을 위해 신호를 주기적으로 전송하는 기기) 서버를 이용해서 알람을 맞춰 주는 장치 역시 "여러분 잠잘 때 불 끄러 가기 귀찮죠? 앱으로 간단하게 만들어 볼까요?" 이런 식으로 유도해서 그 자리에서 비콘 서버만 장착하면 침대에서 불을 끌 수 있도록 했지요. 그 뒤에 '비밀 결사대'라는 이름의 프로그램도 같이 연결해 본 거예요. 이런 과정을 계속하다 보니까 '아, 우리나라의 교육과정도 다를 수 있겠구나.' 생각이 들었던 것이고요.

방송 관련 직업을 꿈꾸는 중학생 친구들과 MBC 방송사에 가서 직접 영상과 다큐를 찍어 보거나 게임사와 같이 게임 개발을 해보기도 했습니다. 웹툰 작가가 되고 싶어 하는 친구들한테는 웹툰 교육을 하는 대신 실제로 네이버 웹툰 〈도전만화〉게시판에 올리는 걸 미션으로 해서 본인들이 직접 진행해 보게 했어요. 게임만 하지 말고 직접 만들어 보라는 취지에서 부모님을 모신 채 게임 개발 시연을 해보기도 했지요.

이렇듯 내가 선택한 걸 배우는 경우의 수를 충분히 늘려 주는 것이 정말 필요한 공부라는 생각에 다양한 형태로 계속 교육 프로그램을 진행했습니다. 기업 과제를 받는 것 자체가 교육과정의 하나로 계속 활성화되기를 바랍니다. 대학은 순수 학문의 장으로 해야 할 역할을 지키게 하고, 실무 집단은 그 특성에 맞는 기업의 과제를 받아 내면서 그걸 통해 R&D와 창의성을 키우는 것이 우리가 바라는 진행 방향이었지요. 교육 과정이 틀렸다는 건 아니에요. 보편화된 교육 과정 바깥에서 자신도 모르는 자기 경력을 발견했으면 하는 바람으로 진행했고, 그 결과로 나온 게 미니인턴입니다. 단순히 "아이디어 좋네요." 할 수 있겠지만 사실 2012년부터 2017년까지 계속 오프라인에서 실험했고, 그걸 통해 수익 모델과 제반 상황을 확인한 뒤에 만들기 시작한 거지요. 그 덕분에 서비스가 나오고 나서 바로 회사가 돌아가도록 세팅할 수 있었습니다.

'자기'는 없고 '계발'만 남은 현실을 바꾸자

이제 우리 회사의 채용 체험 플랫폼을 구체적으로 설명할게요. 말 그대로 기업에 채용되었다는 가정 아래 과제를 수행하도록 돕는 서비스를 말합니다. 기업에 인턴으로 들어가면 잔여 업무로 시간을 소비하는 경우가 많아요. 인턴 과정이라는 귀한 시간을 소모적으로 보내는 거죠. 그래서 우리는 진짜 그 직무에 필요한 일을 미리 경험해 보게 하자는 취지에서 기업에서 온라인으로 과제를 주고, 채용에 앞서 수행해 보도록 해요. 만약 내가 마케팅 분야에 강하다면 마케팅 역량을 키울 수 있게 돕고,

개발에 강하거나 이 분야를 미리 경험해 보고 싶다면 개발 역량을 키울 수 있도록 과제를 주는 식으로 진행합니다.

그런데 미니인턴이 채용 준비에 도움을 주는 도구이긴 하지만 반드시 구직을 목적으로 하는 사람만 활용하는 것은 아니에요. 본격적으로 구직 활동을 하기 전에 기업에서 하는 일을 미리 체험해 보고 싶을 때도 있거든요. 그래서 과제형 미니인턴과 채용형 미니인턴이라는 두 가지 방식이 있습니다. 채용형 미니인턴은 말 그대로 '이걸로 취업할래요.' 하는 사람들이 체험하는 프로그램입니다. 이와 달리 과제형 미니인턴은 취업까지는 아니지만 업무 경험을 해 보고 싶거나 '이 분야에 관심 있어서 피드백을 받아 보고 싶어요.' 하는 사람이 많이 신청해서 이용 고객이 주로 학생입니다. 학생 본인이 개별적으로 참여하거나 대학교와 연결해 한꺼번에 신청받기도 합니다.

물론 미니인턴으로 인턴 과정을 모두 체험할 수 있는 것은 아닙니다. 실제 인턴 과정에는 단지 업무 수행 능력만이 아니라 동료와의 관계성이나 그 과정에서 오는 피드백이 중요한 부분을 차지하니까요. 그런 부분까지 피드백을 줄 수 있는 서비스가 된다면 좋겠지만 현실적으로 어려운 부분이라 회사 차원에서 한계를 정했습니다. 지원자의 태도, 인성, 상황 등 실제 그 사람이 어떤 사람인가에 대한 판단은 그 기업의 면접관이 최종적으로 해야 할 부분이라고 생각하기 때문입니다. 우리는 보조 장치로 기능하며 조그만 변화라도 생기기를 바라는 정도지요. 결론적으로 미니인턴 서비스의 목적은 이 분야가 앞으로 세상을 변화시키는 데 중요한 한 꼭지가 될 거라는 정도로 판단하는 것입니다.

가끔 이런 서비스를 하게 된 계기를 묻는 분들이 있어요. 특별하거나 유일한 계기라고 말할 수는 없지만 제 개인적인 경험도 한몫했습니다. 입사 면접을 보는데 저와 함께 들어간 면접자 다섯 명이 약속이라도 한 듯이 똑같은 이야기를 하는 거예요.

"저는 ○○ 동아리에서 활동했고, 해외의 ○○ 대학에 교환학생을 갔다 왔고, ○○ 자격증이 있고 학점은 이렇습니다."

물론 저도 그 자리에서 똑같은 방식으로 어필했어요. 면접장 안에서 상황이 그렇게 흘러가니까 다르게 말하기가 어려웠지요. 그런데 그렇게 하고 나서 한동안 자괴감이 들었습니다. 나름대로 자기 계발을 열심히 했다고 생각했는데 자기 계발이 아니었던 거니까요.

'자기는 없고 다 똑같은 계발만 했구나. 이건 진정한 의미의 자기 계발이 아니구나.'

한편으로는 모두 똑같이 대답하는데 면접 담당자들은 대체 무슨 근거로 적합성 여부를 판단할까, 하는 생각이 많이 들었지요. 어쩌면 관상이나 이미지로 판단할 수밖에 없겠다는 생각이 꽤 오래갔습니다.

그래서 대기업 입사 후 인사 팀에 근무하면서 면접에서 실제로 영향력을 갖는 지표를 확인해 봤습니다. 그런데 스카이 대학을 나온 친구들과 지방대 친구들을 비교했을 때 의외로 지방대 친구들의 점수가 더 높게 나오는 거예요. 의아했습니다. 예전 자료부터 쭉 확인해 봤더니 어떤 흐름이 보이더군요. 물론 일종의 경향성이라 전체를 단정 지을 수는 없지만, 일머리와 공부 머리가 다르다는 걸 알 수 있었습니다. 예전에는 일머리가 있으면서 공부머리도 뛰어난 사람이 많았는데, 요즘은 일머리와 공부머리가 다른 사람이 많아졌기 때문이라고 짐작했어요. 그 사실을 기초로 기업에 맞는 인재를 찾아야 한다는 생각이 들었고요.

시대의 변화에 발맞추어 움직이는 조직

강조하지만 우리 회사의 비전은 '자신만의 가치를 찾아 주자.'입니다. 개개인의 가치를 찾아 주는 서비스라는 게 추상적으로 들릴 수 있어요. 학력과 스펙보다 능력과 경험을 중시한다는 부분도 막연하게 다가올 수 있고요. 그런데 우리에게도 이 서비스는 하나의 실험이에요. 다만 데이터가 남는 실험 과정이지요.

하나의 예로, 오픈놀에서는 면접을 볼 때 구직자가 비전, 복지, 문화, 급여 네 가지로 우선순위를 배분해 체크하도록 한 뒤 왜 그걸 우선순위로 정했는지 물어봅니다. 그러고 나서 '나는 무엇에 동기부여가 되는가'를 다시 13개 문항으로 준 뒤 또 표시하도록 해요. '나는 흥미로운 업무를 하는 게 중요하다.' '나는 다른 사람들이 나를 존중해 주는 게 중요하다.' 이런 식으로 점검해 나가다 보면 자신의 우선순위를 알 수 있지요. 왜 그걸 우선순위로 선택했는지, 아래 순위는 왜 필요 없는지에 대한 것을 묻게 함으로써 어떤 부서에 배치할지 고민합니다. 가령 연봉이 가장 중요한 경우에는 일이 힘들거나 야근 또는 주말 근무가 있더라도 인센티브를 많이 받아 가는 게 좋겠지요. 반대로 저녁이 있는 삶을 원하는 친구들도 있으니까요. 그런 경우에는 급여를 낮추더라도 문화나 복지 체계를 더 높이는 데 집중하고 있습니다.

일반적으로 회사에서 직원을 채용할 때는 서류 전형 후에 인적성 검사나 필기시험을 치르고 면접을 봅니다. 하지만 우리 회사는 당연히 우리가 만든 미니인턴 서비스로 직원을 채용합니다. 블라인드 채용은 당연하고요. 또한 일반적인 자기소개서 대신 '오폴리오'를 받아요. 본인의 관심 분야에 얼마나 꾸준히 임했는지를 보여 주는 자료로, 이걸 올리면 그 역량 키워드를 분석해서 채용하는 시스템이에요. 복지, 연봉, 문화, 비전 중에서 무엇이 가장 중요한지도 꼭 묻습니다. 앞서 말했듯 그 우선순위에 따라 팀 배치가 달라지거든요.

또한 일단 미리 뽑은 기업 과제를 수행해 보게 합니다. 그 과정에서 작성한 포트폴리오 기획안이 괜찮으면 면접을 보면서 필요한 서류를 요청하는 식으로 진행합니다. 미니인턴 플랫폼에서 서비스하는 채용 방식을 우리 회사 직원을 채용할 때도 그대로 적용하고 있는 거지요. 물론 우리 것만 고집하지는 않고 여러 체험 포털에도 채용 공고를 올려놓는데, 그런 경우 한 달 동안 미니인턴 프로그램을 내부에서 진행하고 그다음에 채용하는 방식으로 진행합니다. 우리 서비스에 대한 일종의 검증

과정이라고 할까요.

창업 이후 지금까지 10년간 회사를 운영해 왔는데 2021년까지 우리 사이트를 거쳐 간 지원자가 15만 명 정도였습니다. 그런데 2022년에 이용객이 급증해서 이 해에만 16만 명이 서비스를 이용했기 때문에, 전체로 보면 약 30만 명의 이용자가 우리 프로그램을 이용한 셈이지요. 1,100개 이상의 회사와 거래하지만 마케팅을 따로 하지 않고 있습니다. 그래서 많은 기업이 아직 우리 서비스를 제대로 알지 못하는 상황이지만 지금은 회사를 알리는 것보다는 품질을 높이는 데 주력합니다. 홍보보다는 데이터를 정제하는 게 중요하다고 생각하기 때문이에요.

지금 채용 시장은 많은 변화를 겪고 있습니다. 공채로 직원을 모집하던 방식이 수시 채용으로 넘어갔고, 이미 10대 대기업 절반 이상이 공채를 폐지했지요. 코로나19 이후로 이직자가 급증한 상황이고요. 오픈놀의 서비스를 이용하는 구직자 수가 갑자기 늘어난 것도 이런 현상과 무관하지 않을 것입니다. 우리나라 기업을 포함해 전 세계적으로 기업들이 직무 중심의 인사 관리로 전환할 거라고 예측해요. 우리나라의 경우는 스펙이 있는 곳에 어필하는 경향이 더 강하지만 해외의 경우, 레퍼런스를 서로 추천하는 시스템이 훨씬 활성화되어 있습니다. 그런데 양

쪽 다 추천 이유에 관한 내용이 없더라고요. 구직자 입장에서는 이 기업이 나와 진짜 잘 맞는지를 보고 싶은데 활용할 도구가 없다 보니까 그런 수요 때문에라도 자연스럽게 직무 중심 인사 관리로 바뀔 거라고 예측하고 있어요.

안정적인 대기업을 나와 스타트업에 뛰어든 제 시도를 두고 용기 있다고 말하는 사람이 있는데, 사실은 어떤 확신을 하고 움직였던 것은 아닙니다. 제가 대표이긴 하지만 저는 기업가라 기보다는 교육가에 가까워요. 개개인의 가치를 찾아 주자는 제 비전에 맞게 팀원들의 가치를 찾아 주는 데 집중하고 있습니다. 돈은 팀원들이 벌고 저는 팀원들을 위한 인큐베이터 역할을 하는 게 컸지요.

제가 창업을 결심한 것에 특별한 계기가 있었던 것은 아니에요. 애초부터 학벌이나 스펙에 대한 우리 사회의 과도한 신뢰를 낯선 시선으로 바라봤던 것 같습니다. 이를테면 고등학교에 가면 문과와 이과를 나누는 것도 우리나라만 그렇잖아요. 외국에서는 본인이 자기가 선택한 것을 계속 배우면서 차근차근 자기 커리어를 완성해 나가는데, 그렇게 보면 우리의 방식이 오히려 낯설게 느껴집니다.

기업 채용도 똑같습니다. 사업 경력이 오래된, 연속성 있는 기업들이 보여 주는 과정의 한 단면을 분석하면 대부분 자기를 완성해 나가는 과정으로 보이는 부분이 많습니다. 지금 우리 회사가 커 나가는 방식도 그렇습니다. 처음부터 어떤 계획을 세우고 그 계획에 따라 성장한 게 아니라, 누군가 들어오고 이들이 모여 어떤 철학이 생기면 그 팀이 분할되면서 커지는 방식입니다. 학문의 탄생 과정을 살펴봐도 비슷합니다. 하늘의 별을 보다가 별까지의 거리가 궁금해지니까 거기에서 천문학과 수학이 나왔고, 또 누군가는 별을 통해 신과 인간성의 존재를 보면서 철학, 신학 등 인문학이 만들어진 것처럼요. 사람마다 다르고, 보는 시선도 각기 다르니까 거기에서 자연스럽게 서로 다른 학문이 나타난 것이지요.

문과니까 이렇고 이과니까 이렇다는 건 모두 우리가 정한 기준일 뿐입니다. 각자의 본질에 맞게, 본인이 선택한 것으로 본인이 완성해 나가는 과정이 있기에 각자의 주관을 가진 철학이 생기는 건데 말이에요.

스타트업에 대한 흔한 착각

그렇게 창업하긴 했지만 초기에는 고민이 많았습니다. '개개인이 가진 가치를 찾아 주자는 취지로 시작된 이 프로젝트가

212

과연 사업성이 있는 걸까?' '이걸 해서 현실적으로 돈은 벌 수 있을까?' '우리가 살아남을 방안일까?' 이런 고민 속에서 3~4년 간 테스트를 해 봤던 거지요.

돌이켜 보니 처음에 너무 쉽게 비전을 세팅했더라고요. 그 취지가 얼마나 크고 넓은 의미를 가진 말인지 몰랐던 거죠. 치열한 논의 과정을 거쳐 마지막에 귀결되는 정의여야 했는데 너무 성급하게, 또 너무 크게 앞세운 나머지 애로 사항이 많았어요. 제 경험상 다른 것의 체계나 상황을 모른 채 선의만 강조했을 때는 항상 문제가 생겨요. 시스템과 상황을 같이 이야기하면서 거기에 선의가 덧붙여져야 진짜 가치라고 생각합니다. 그런데 초반에는 저도 '개개인의 가치를 찾아 주자'라는 의미에만 집중했으니까 더 힘들었습니다.

우리 사업은 조금 독특합니다. 제가 사업을 키워 나갔다기보다는 팀원들이 분화되면서 회사가 커져 나갔기 때문이지요. 그래서 다른 회사와 달리 업무 공간이 분산되어 있습니다. 회사의 핵심 가치를 따르려다 보니 개개인의 가치가 다 달라서 그럴 수밖에 없었습니다. 다른 누구는 청소년에 방점을 두고 싶어 하고, 누구는 취업 쪽으로 일하고 싶어 하고, 누구는 스타트업을, 또 누구는 부동산과 민간 사업을, 누구는 투자 영역을 키워

보고 싶어 했어요. 저는 그 친구들을 지원하는 과정에 집중하고 있습니다. 그러다 보니 제 업무의 70~80%는 직원 면담으로 돌아갔고요. 말하자면 팀원들이 다시 창업하도록 돕는 게 제 업무입니다.

자기 꿈을 실현하기 위한 첫 관문으로 스타트업 입사를 선택하는 이들이 많습니다. '오픈놀은 개개인의 가치를 찾아 주는 곳이야.'라고 생각하고 오거나 회사에서 내건 '선한 영향력'이라는 용어 혹은 이러한 비저너리(비전 제시자)에만 집중해서 왔다가 실망하고 나가는 사람도 있어요. 회사가 그런 말 몇 마디로 돌아가는 곳은 아니니까요. 출발선에서 급격히 올라갈 수 있게 설계된 곳이 스타트업이다 보니까 일이 훨씬 빡빡하거든요. 이를테면 정교하게 설계한 폭약을 터뜨리는 게임이라고 생각하고 준비해야 하니까 궁극적으로 어떤 목표를 얼마의 시간 동안 어떤 전략으로 얻을 건지를 미리 생각해 놓지 않으면 수익이 난다고 해도 폭발력 있게 성장하지는 못하지요.

그런데 간혹 회사의 비전을 '개개인의 욕망이 실현되는 곳'으로 해석하고 입사하는 경우도 있습니다. 일반 기업에 입사하면 일단 시키는 걸 해야 한다고 생각할 텐데, 작은 스타트업이라는 이유로 '내 욕망도 편하게 이야기할 수 있는 곳이어야 해.'라고 여기는 거죠. 그러다 보니 사업이 진행될수록 가치관이 충돌해서 조직을 떠나는 사람도 생깁니다.

썩은 사과 이론(rotten apple theory)이라는 게 있잖아요. 사과 상자 안에 썩은 사과 하나를 넣으면 다른 사과도 썩게 만드는 것처럼, 회의론자도 그런 역할을 합니다. 특히 사업 초반에는 부정적 영향을 끼치는 회의론자보다는 '될지 안 될지 모르겠지만 가 보자. 나 일단 이거 되는지 보고 싶어.'라고 생각하는 사람들이 같이 모여야 해요. 하고자 하는 일의 가치도 믿어야 하고 지치지 않는 열정과 목표에 도달할 수 있는 의지, 이런 게 꼭 필요합니다. 자신도 발전해야 하고, 비전도 확고해야 하고, 목표를 이루려는 전투적 의지도 중요하고, 가치 있는 일을 하고 있다고 느끼고, 선택권이 있다고 느끼면서 기술과 지식이 있을 때 동기부여가 되기 때문입니다. 회사 내부 창업을 계속 장려하다 보니까 '그래서 이런 DNA를 갖고 있니?'라고 스스로에게도 묻고 팀원들에게도 묻는 분위기입니다.

CEO가 줄 수 있는 최고의 복지

이미 갖춰진 조직이나 일에서 얻는 경험보다는 맨땅에서 맨손으로 해보는 경험이 진짜인 경우가 많은데, 사람을 적재적소에 배치하는 일도 비슷합니다. 누구나 큰 조직을 좋아할 것 같지만 그렇지 않거든요. 물론 명확한 일을 선호하는 유형은 큰 조직에 맞습니다. 하지만 어떤 사람은 작은 조직에 더 잘 맞을 수 있어요. 따라서 자신이 어떤 사람인지 정확한 상황을 본인이 알고 있어야 합니다. 작은 조직과 큰 조직에 맞는 구성원이 누군지를 알아야 하는데, 그렇다고 해서 '이 사람은 큰 조직에 맞는 타입이니까 우리한테는 안 맞는다' 하고 내치지는 마세요. 큰 조직에 맞는 친구들은 작은 조직에 들어오면 본인이 답답해서 체계를 만들려고 해요. 그 부분이 때로는 큰 장점으로도 작용하기 때문에 제 입장에서는 적절하게 배치하기 위해 계속 노력하는 중입니다.

회사 복지는 팀원들이 계속 만듭니다. 회사에 변화 선도 팀이 있는데 이 팀에서 자율 출퇴근, 탄력 근무제 등을 만들어 전 직원이 그렇게 하고 있어요. 4대 보험은 당연히 가입되어 있고, 어버이날에 부모님께 드리는 용돈을 회사가 지원해 줬으면 좋겠다는 제안이 나와서 '카네이션 연금 보너스'라는 이름으로 지급합니다. 요즘 문화에 맞게 회식 강요나 야근 강요를 하지 않고, '덕질비'라는 이름의 취미 지원금이 나가기도 합니다. 또 직원들끼리 취미 생활을 나누는 시간도 있고 식사는 점심 저녁다 무료 제공이에요. 그 밖에도 영화를 보러 가는 '무비데이'와 다른 팀과 식사를 함께하는 '밥짝'이라는 시간도 있습니다.

또한 기본 휴가 외에 '묻지 마 휴가' '날 찾지 마 휴가' '리프레시 휴가' 등 재미있게 운용하고 있고 결혼하면 '2주 신혼여행 휴가'를 제공합니다. 그 밖에도 다양한 형태의 휴가 제도를 만들었는데 실행하다 보니까 팀마다 복지가 달라지더라고요. 팀마다 분위기가 다르다 보니까 자연스럽게 일종의 선택적 복지가 된 거죠.

각각의 팀이 다른 회사들처럼 보이긴 해요. 이런 조직 실험을 해보는 과정이 사실은 팀을 만들어 가는 과정이기도 하고요. 회사가 말하는 '나다운 가치를 실현하며 살게 해 주는 과정'을 계속 실험하는 중이에요. 회사 차원에서는 포트폴리오를 다각화하는 과정인 셈이지요.

처음에 오픈놀은 진로 교육 회사로 시작했어요. 그런데 지금은 진로 쪽이 조직에서 가장 규모가 작아요. 아마 그것만 하겠다고 고집했으면 회사가 망했을 거예요. 그런데 다양한 포트폴리오를 쌓다 보니까 이 분야가 좀 힘들어지면 다른 데가 커지고 다른 데가 힘들어지면 또 다른 곳이 커지는 식으로 계속 성장할 수 있었지요. 그래서 팀 구조를 보면서 시대의 변화, 가치관의 변화를 계속 느끼고 있습니다.

예를 들면 얼마 전에는 공유 오피스 시장이 활발해서 부동산 팀 어깨가 높아졌는데요, 지금은 또 시장 분위기가 바뀌었어요. 또한 몇 년 전까지는 청년 지원 사업부의 규모가 컸습니다. 그 부서에는 인권 감수성, 성 인지 감수성 같은 분야를 중시하는 직원이 많아요. 이직이 활발해지면서 심리적으로 힘들어진 청년이 많았고, 그런 사회적 분위기 때문에 그 분야의 사업이 한동안 활성화되었어요. 정책적인 이슈의 영향도 있지만 실제로 청년들의 애로 사항을 다양한 방향으로 보게 되는 경험이었습니다.

한편 스타트업이 사원 복지 챙기다가 망한다고 이야기하는 경우가 많아요. 보여 주기용 복지가 과하면 사업 자체가 위험해지니까요. 그래서 우리도 본질에서 멀어지는 건 아닌지 상황을 늘 점검하며 운영합니다. 지금 이 타이밍에 직원들에게 꼭 필요한 부분인지, 진짜 해야 할 일은 무엇인지 계속 확인하는 겁니다.

이를 위해 아침 시간을 활용합니다. 매일 아침 기도를 하고 운동하러 가는 게 제 루틴이에요. 아침마다 직원 이름을 마음속으로 한 번씩 부르다 보면 '이 친구 지금 힘들 텐데 전화라도 한번 해 봐야겠다.' 하는 생각이 들거든요. '내가 지금 올바른 방향을 향해서 가고 있나?' 같은 것도 묻곤 하지요.

복지 제도라는 게 막연히 생각하면 사랑, 정의, 평화, 인권으로 표현됩니다. 그런데 정말 치열한 논쟁을 거쳐 나온 단어인지 자꾸 확인해 봐야 해요. 복지는 언제 어디서나 환영받지만, 경영자에게는 늘 책임이 따르니까요. CEO가 줄 수 있는 최고의 복지는 수영장이나 탄력 근무제 같은 인기성 정책이 아니라, 장기적으로 오래 고용하고 승진시킬 수 있는 '성장'이라 생각합니다. 열심히 밤을 새워서 만화책을 보거나 PC방을 갔다 온다고 해서 뿌듯하지는 않잖아요. 재미는 있겠지만 지치고 힘들지요. 하지만 자신이 성장하는 경험을 하고 나면 힘들어도 뿌듯함을 느낍니다.

회사라는 조직 자체가 자율적인 의지와 감정을 가진 불완전한 인간의 집합체다 보니까 정말 많은 이슈가 생깁니다. 물론 장기적인 비전, 그러니까 큰 그림을 보여 주면 조직이 집중해서 갈 수 있다는 관점에는 동의합니다. 그런데 그게 다는 아니지요. 저는 이걸 '스타트업 경영자의 착각'이라고 말하곤 하는데, 제가 경영자로서 착각했던 부분을 반면교사 삼아 여러 가지 시도를 해보고 있어요. 가장 중요한 것은 성과를 지속해서 낼 수 있도록 작은 성과를 만들어 주는 것입니다. 그렇지 않으면 직원들이 떠나더라고요.

치열한 삶의 결과가 대기업 취업이라면

개개인의 가치를 찾아 주자는 창업 철학을 갖게 된 계기에 관해 묻는 사람이 많습니다. 물론 이런 철학이 어느 날 갑자기 만들어진 것은 아니겠지요. 다만 지난 삶에서 답을 찾아본다면, 만약 10대로 다시 돌아간다고 해도 저는 그때와 똑같이 살았을 것 같습니다. 그 정도로 나름대로는 부끄럽지 않게 열심히 살았다고 생각해요. 사회 시스템에 맞게 정말 열심히 살아왔고, 좋은 대학에 가서 좋은 학점을 받기 위해 노력했고, 자격증도 스물몇 개씩 따는 등 취업 준비도 부지런히 했고, 하루에 4시간씩 자면서 나름대로 정말 노력했어요. 그런데 어느 날 그런 생각이 들더라고요.

'이렇게 치열하게 살아온 결과가 그저 대기업 취업이라면 내 사명과 삶이 너무 허무한 게 아닌가.'

참고로 저는 대학교 3학년 때 취업이 되었습니다. 그래서 4학년 1년 동안은 조금 여유로운 상태에서 다른 생각을 하며 지냈지요. 좀 더 근본적인 질문을 던지는 시간이 주어졌다고 할까요? 내가 왜 세상에 나왔고, 내게 주어진 사명이 있다면 그게 무엇인지……. 그런 질문을 떠올리며 시간을 보냈습니다. 그러면서 똑같이 그냥 자기 계발만 열심히 하는 사람들 말고 정말 스스로 자신을 계발할 수 있는 사람들을 만들어야 한다고 생각하게 되었어요. 물론 그때는 사업화할 생각까지 했던 것은 아니고 기존 시스템에 잘 적응하기 위해 노력하는 사람 중 하나였지만요. 회사에 합격하고 나니까 저는 아직 아무것도 이룬 게 없는데, 주변 사람들은 "이제 다 끝났네."라고 말하더군요. 아마 그런 말이 저를 다시 돌아보게 만든 동인이 된 것 같습니다.

앞일은 아무도 알 수 없다

나를 표현하는 다섯 가지, 즉 성격, 적성, 능력, 흥미, 가치관이라는 요소가 있지요? 나와 맞는 일을 찾을 때는 그중에서 무얼 고려해야 할까요? 바로 성격, 적성, 능력입니다. 제가 진로에 관해 말할 때마다 강조하는 점이지요. 흥미와 가치관으로 직업을 찾는 사람이 많아요. 그런데 흥미와 가치관은 일종의 동력 같은 거라서 계속 바뀝니다. 조건에 따라 내 흥미가 바뀔 수도 있고 내 가치관이 변하는 경우가 생각보다 많거든요. 그래서 실제로는 성격, 적성, 능력이 더 중요하다고 생각합니다.

인터넷에서 질문지를 내려받아서 한번 해 보면 본인이 적어도 어떤 범위에 있는지 정도는 알고 진로나 업무를 선택할 수 있겠지요. 그리고 나서 어떤 프로젝트를 선택했을 때 더 중요한 본인 가치관을 지킬 수 있으면 계속 그 회사에 있으면 되는 거고요.

성공 비결을 묻는 사람들이 간혹 있습니다. 비결까지는 아니지만 좋은 사람을 만났고, 그 과정에서 그냥 묵묵하게, 바르다고 생각한 것에 대해서는 끝까지 가려고 한 태도가 좋은 결과로 이어진 것 같습니다. 그렇게 일하다가 '세상에 마침내 받아들여졌구나.'라고 느낄 때가 찾아옵니다. 그때가 10년 후가 될지, 20년 후가 될지, 50년 후가 될지는 아무도 알 수 없어요.

앞서 창업을 하고 약 1년 6개월 만에 첫 매출로 300만 원을 벌고 나서 사업을 계속하기로 결심했다는 이야기를 했지요. 그 다음에는 우리와 계약을 맺고 싶다는 학교가 기하급수적으로 늘어났고요. 창업 초기에 매출이 없어 모두 힘들게 일해 왔는데 하루아침에 상황이 변하는 것을 보면서 '정말 때라는 게 있구나.' 생각했습니다.

앞일은 아무도 알 수 없다는 말이 맞는 것 같습니다. 제가 그

렇게 될 거라고 노리고 있었거나 전략적으로 이렇게 하면 이렇
게 될 것이다, 생각하고 접근한 것도 아닌데 그런 결과가 찾아
왔으니까요. 계속 제가 말했던 것처럼 자기가 품은 비전을 얼마
나 지킬 수 있느냐가 핵심입니다. 사업하다 보면 고비가 있게
마련인데 그런 상황 속에서도 자신이 처음의 비전이나 가치를
계속 지킬 수 있는가가 질문이자 답이 아닐까요.

스티브 잡스도 처음에 애플에서 쫓겨나서 픽사로 갔다가 다
시 애플로 갔는데, 그때도 픽사 지분을 끝까지 포기하지 않았다
고 하잖아요. 애플이 망할 것 같아서 그랬다는데, 실제로 아이
폰, 아이팟이 터지고 나서 픽사 지분을 처분했다고 해요. 페이
스북 메타도 처음에 하버드대에서 마크 저커버그가 페이스북
을 시작할 때는 4개 서비스를 같이 운영하고 있었잖아요. 그러
다가 페이스북이 터지니까 그때부터 온전히 집중하기 시작했
지요. 저 또한 관심이 가는 부분 몇 가지를 가지고 꾸준히 가다
보면 마침내 세상이 받아들여 주는 때가 있구나, 이렇게 움직여
야 하는구나, 하는 생각이 많이 들었습니다. 그래서 너무 흐름
을 좇아가기보다는 방향이 맞는지 계속 생각해 보세요. 그렇게
걷다 보면 그 흐름이 내 앞에 올 때가 있어요. 그때 본인이 잘
해낼 수 있는 내공이 얼마나 있느냐가 중요하겠지요.

마지막으로 이 이야기를 하고 마칠까 합니다. 200년 전에 노예 해방을 외치면 미친 사람이라고 했고, 100년 전에 여자에게 투표권을 달라고 하면 감옥에 집어넣었습니다. 그러나 역사를 보면 200여 년 전 링컨의 연설로 노예 해방이 되었고, 100년 전 미국의 사회 개혁가 수전 앤서니의 연설이 있었기에 여성에게 투표권이 주어졌지요. 의병이나 독립운동가도 마찬가지예요. 바보 같다는 뜻의 '어병하다'라는 말이 '의병'이라는 말에서 나왔다는 설이 있거든요. 그 설이 맞는다면 당시에 거지꼴을 하고 왜놈들과 싸우는 모습이 누군가의 눈에는 바보처럼 보였던 거겠지요. 독립운동을 했던 선조들도 비슷합니다. 지금은 "와, 독립운동가 집안이야."라며 칭송하지만, 당시 평범한 사람들 눈에는 부모 자식 모두 버리고 독립운동하러 떠나는 사람이 어떻게 보였겠어요? '후레자식'이라고 욕하기도 했다니까요. 하지만 이분들이 없었다면 우리는 어떻게 되었을까요? 해방된 뒤에도 하나의 국가로서의 정당성을 얻기가 힘들었을 거예요.

때로는 우리도 링컨이나 수전 앤서니, 의병이나 독립운동가처럼 행동할 필요가 있습니다. 당장은 이루어지지 않을 것처럼 보여도 끊임없이 대안이 뭔지 모색해야 한다는 뜻이지요. 모두 틀렸다고 했던 게 사실은 그 시대에 꼭 필요한 오답이었던 것처럼, 여러분도 자기가 발굴해야 할 오답을 찾았으면 좋겠습니다. 그렇게 남다른 경험, 스스로 계획한 경력, 기록할 경험을 만드는 상황이 청소년 여러분에게 찾아오길 바랍니다.

Q. 오픈놀의 경우 수익과 관계없이 일을 먼저 시작하고 그 뒤에 재정적인 기반이 따라온 건데요. 스타트업의 일반적인 형태는 아닌데 그 부분을 어떻게 봐야 할까요?

A. 사실 저만 그런 사람이었지, 팀원들은 그렇지 않았어요(웃음). 그 래서 다행이었던 것 같아요. 팀원 중에는 공격수 같은 사람도 있 어야 하는 거고요. 실제로 회사를 책임지고 여러 상황에 대비해 준비하려는 팀원도 있었거든요. 저는 수익 부분에 대한 구체적 인 생각 없이 시작했지만, 경제적인 문제나 수입 문제를 생각하 는 팀원들이 함께했기에 가능했습니다.

Q. 스타트업을 창업하려는 이에게 해 주고 싶은 말이 있다면?

A. 제가 자주 하는 이야기가 있어요. "대기업에서 6개월 동안 인턴 을 하면 내가 얼마나 복사를 잘하는지 알 수 있다." 제 경험입니 다(웃음). 6개월 동안 잡무를 하다 보니까 복사기 소리만 듣고도 '아, 이거 곧 고장 나겠구나!' 하는 게 저절로 느껴졌거든요. 스 타트업의 6개월은 다릅니다. 인사, 마케팅, 특허, R&D, 영업, 기 획, 비즈니스 모델 다 해 봐야 하더라고요. 그래서 시간 대비 업

무 능력 향상이라는 면에서는 대기업보다 스타트업에서의 6개월이 훨씬 좋다고 생각합니다. 질문에서는 창업을 이야기했지만, 제가 생각했을 때 단순히 취업하느냐 창업하느냐의 문제는 아닌 것 같아요. 직업을 찾는다고 했을 때 가장 먼저 고려할 부분은 내가 원래 하려고 했던 일인지가 첫 번째겠죠. 만약 자신이 하려던 일이었다면 먼저 작은 조직에 가서 배워 보는 것을 추천해 드립니다. 그러나 정말 창업을 원하는 경우라면 차라리 빨리 시작해 보세요. 만약에 실패하더라도 계속 그 방향을 향해 나가면 더 압축적인 경험을 할 수 있어요.

Q. 팀을 구성하고 조직하고 관리하고 매칭한다고 할 때 어떤 점이 좀 더 중요한 역량으로 작용할까요?

A. 저는 신입 사원에게는 끈기를 많이 봅니다. 그래서 처음에는 한 달로 기한을 정해 수습 계약을 하는데 그 한 달 동안 진짜 빡빡하게 일을 시켜 봅니다. 그래서 아니라고 생각되면 계약을 빨리 종료시켜요. 만약 '끈기는 있는데 실력이 없다?' 그러면 일단 뽑습니다. 그리고 계속 훈련해 보는데 초반에는 팀의 사수가 자기 업무의 60퍼센트를 쏟아 줘서 그 친구가 끈기 있게 해내면 계속하게 되는 거죠. 그렇게 한 달을 해 보면 답이 나와요. 힘들어서 적응하지 못하면 자연스럽게 나가게 되는 거고요. 그걸 견딘 사

람들은 배치도를 통해 자기가 할 수 있는 일을 계속 열어 가도록 지원합니다. 리더의 경우에는 다른 팀에 얼마나 기여할 수 있느냐를 우선으로 봅니다. 내 팀만 생각하는 게 아니라 다른 팀의 상황을 보면서 분업이나 협업하는 것도 중요하거든요. 말하자면 이런 식입니다. 다른 팀이 아주 바쁘게 돌아갈 때 "우리가 이거 체크 다 해서 인증이랑 상황 업데이트할게. 원래는 경영지원부가 해야 하는 일인데 지금 바쁘니까 우리 쪽에서 해 줄 수 있어." 이렇게 자기 팀 외부에 얼마나 기여하는지를 중요한 역량으로 봅니다. 대기업에서도 부장급 이상이나 상무급 이상으로 올라갈 때는 실력보다 신뢰도와 인성을 많이 본다고들 하는데, 해 보니까 실제로 그럴 수밖에 없겠더라고요. 직책이 올라갈수록 인성을 중요하게 보고 있습니다.

Q. 부서마다 다른 색깔, 다른 규칙, 문화가 있다고 했습니다. 서로 다른 색깔의 팀들을 같은 방향을 바라보는 하나의 조직체로 묶어 내기 위해서 어떤 시도를 했나요?

A. 일단 사람들이 들어오면 그중에 자신만의 색깔을 내는 직원이 나옵니다. 그러면 그 직원을 팀으로 만들어 내면서 진행하는 게 첫 번째입니다. 두 번째는 그 색이 오픈놀의 가치관이나 방향이랑 맞아야 합니다. 그게 아닌 사람은 퇴사하게 됩니다. 예를 들

면 우리가 지금 하는 일이 공교육을 보조하는 가치관에 맞게 하는 건데, "자격증 시험 쪽으로 활동하면 돈 바로 벌립니다." 아니면 "과외 쪽으로도 시도할 수 있잖아요." 이런 사람들이 나타나요. 그러면 그런 사람들은 분사시킵니다. 우리가 도움을 줄 수 있지만 내부에서는 안 하는 일로 정해 놓았습니다. 어떤 친구는 '클로즈놀'이라고 이름을 바꿔서 사교육 쪽으로 해보고 싶다고 하기도 했어요. 다양성이 가치인데 왜 이건 안 되냐고 하길래 "그러면 투자해 줄게. 해 봐."라고 말하며 시작하게 했지만 2년 후에 망해서 다시 들어왔어요(웃음). 아무튼 말 그대로 실험을 계속하다 보니까 다양한 결과가 나옵니다. 실패라기보다는 도전을 계속하는 중이라고 생각하고 있어요. 팀끼리 조화를 최우선으로 생각하지만 고심해서 배치해도 안 맞아서 힘들어하는 친구들도 여전히 있고요. 그럴 때는 빨리 바꿔 줘야 하는데 팀 배치에도 6개월 정도 시간이 걸리다 보니까 그 6개월을 못 참는 친구들은 그냥 퇴사하기도 해요. 그래서 여전히 실험하는 단계라고 생각하고 있고, 또 계속 시행착오를 겪으며 성장해 가고 있습니다.

Q. 꿈이 없어서 힘들기도 하지만 양질의 일자리에 한계가 있어서 어려움을 겪는 부분도 있습니다. 블라인드 채용이 또 다른 스

트레스가 될 수 있고요. 결국 채용 시장이 어떻게 변화해야 한다고 생각하는지 의견을 듣고 싶습니다.

A. 아주 중요하고 묵직한 질문입니다. 유럽에서는 대기업, 중소기업 이런 형태로 나누어져 있지 않거든요. 오래된 중소기업이 강소기업이라서 그런 것 같기도 하고요. 일본도 대기업, 중소기업의 차이가 이제는 크지 않다고 봅니다. 임금 격차가 별로 크지 않더라고요. 오픈놀에서 연봉이나 복지, 비전, 문화 등의 우선순위를 조사하는 이유가 있습니다. 우선순위를 어디에 두느냐에 따라서 만족도가 달라지기 때문입니다. 사실 우선순위를 가지고 기업을 평가해 보면 이 네 가지를 모두 만족시키는 곳은 거의 없어요. 연봉도 높고 문화도 만족스러운 곳은 사실 없지요. 따라서 본인의 우선순위를 정해 놓는 게 중요해요. 그러고 나서 그 기업에 맞게 움직였을 때 만족도를 높여 갈 수 있을 거라고 봐요. 우선순위는 항상 내가 무엇을 원하느냐가 될 것 같습니다. 주변의 상황 말고 자기 내면의 소리에 귀를 기울여야 한다는 것이지요. '사회를 바꾼다.' 이런 부분은 경영자들이 많이 해야 하는 일이고 직원들 입장에서는 자신이 원하는 것을 정확히 알아야 내 가치가 생깁니다. 그 철학을 더 공고히 했으면 하는 바람이 있습니다.

더 알아보기

R&D란?

연구·개발Research and Development의 약자로, 기초 연구와 그 결과를 토대로 응용 기술을 개발하는 활동을 통틀어 R&D라 부른다. 과학과 산업이 만나 새로운 기술을 만드는 과정을 총칭하기도 한다. 전기·자율 주행차, 사물 인터넷 가전 등 신산업 분야와 4차 산업 혁명 관련 기술 분야인 가상 현실, 증강 현실, 로봇, 인공 지능, 빅데이터와 같이 현재 존재하는 모든 최첨단 기술력은 R&D의 결과물이라고 볼 수 있다.

HRD란?

인적 자원 개발Human Resource Development의 약자다. 조직의 성과를 향상하고 개인의 성취를 끌어올리기 위해 개인 개발, 조직 개발, 경력 개발 프로그램을 통해 문제를 해결하는 과정을 말한다. 직업 훈련, 인력 개발, 교육 공학, 상담 등의 학문 분야와 관계가 있다.

문사철이란?

보통 인문학이라고 분류되는 대표 학문인 문학, 역사, 철학을 아울러 이르는 말이다. 인간의 사상과 문화에 관해 탐구하는 학문이다.

오픈놀에서 하는 일?

온오프라인을 넘나들며 각자 꿈꾸는 진로와 직업을 찾고, 그에 필요한 경험과 기술을 얻을 수 있도록 안내하고 분석하며 돕는다. 자신에 대한 고민 없이 맹목적인 스펙 쌓기에만 몰두하는 우리 사회를 바꾸어 나간다.

- 온라인 인턴십 프로그램 미니인턴을 통해 취업 희망자는 기업에서 지금 당장 해야 하는 실무 프로젝트를 경험하고, 기업은 검증된 인재를 채용할 수 있게 돕는다.
- 온라인 포트폴리오 오폴리오를 통해 기록별 분야와 역량 키워드를 바탕으로 개인의 강점이 드러나는 포트폴리오를 만든다.
- 진로, 진학, 취업, 창업의 4단계 솔루션으로 교육을 통해 개개인의 가치를 찾도록 돕는다.